中华精神家园
古建涵蕴

天下祭坛

北京祭坛的绝妙密码

肖东发 主编 顾文超 编著

中国出版集团
现代出版社

图书在版编目（CIP）数据

天下祭坛：北京祭坛的绝妙密码 / 顾文超编著. —北京：现代出版社，2014.5（2021.7重印）
ISBN 978-7-5143-2308-5

Ⅰ. ①天… Ⅱ. ①顾… Ⅲ. ①祭祀遗址—介绍—北京市 Ⅳ. ①K878.6

中国版本图书馆CIP数据核字(2014)第086328号

天下祭坛：北京祭坛的绝妙密码

主　　编：肖东发
作　　者：顾文超
责任编辑：王敬一
出版发行：现代出版社
通信地址：北京市定安门外安华里504号
邮政编码：100011
电　　话：010-64267325 64245264（传真）
网　　址：www.1980xd.com
电子邮箱：xiandai@cnpitc.com.cn
印　　刷：三河市嵩川印刷有限公司
开　　本：710mm×1000mm　1/16
印　　张：11
版　　次：2015年4月第1版　　2021年7月第3次印刷
书　　号：ISBN 978-7-5143-2308-5
定　　价：40.00元

党的十八大报告指出："文化是民族的血脉，是人民的精神家园。全面建成小康社会，实现中华民族伟大复兴，必须推动社会主义文化大发展大繁荣，兴起社会主义文化建设新高潮，提高国家文化软实力，发挥文化引领风尚、教育人民、服务社会、推动发展的作用。"

我国经过改革开放的历程，推进了民族振兴、国家富强、人民幸福的中国梦，推进了伟大复兴的历史进程。文化是立国之根，实现中国梦也是我国文化实现伟大复兴的过程，并最终体现为文化的发展繁荣。习近平指出，博大精深的中国优秀传统文化是我们在世界文化激荡中站稳脚跟的根基。中华文化源远流长，积淀着中华民族最深层的精神追求，代表着中华民族独特的精神标识，为中华民族生生不息、发展壮大提供了丰厚滋养。我们要认识中华文化的独特创造、价值理念、鲜明特色，增强文化自信和价值自信。

如今，我们正处在改革开放攻坚和经济发展的转型时期，面对世界各国形形色色的文化现象，面对各种眼花缭乱的现代传媒，我们要坚持文化自信，古为今用、洋为中用、推陈出新，有鉴别地加以对待，有扬弃地予以继承，传承和升华中华优秀传统文化，发展中国特色社会主义文化，增强国家文化软实力。

浩浩历史长河，熊熊文明薪火，中华文化源远流长，滚滚黄河、滔滔长江，是最直接的源头，这两大文化浪涛经过千百年冲刷洗礼和不断交流、融合以及沉淀，最终形成了求同存异、兼收并蓄的辉煌灿烂的中华文明，也是世界上唯一绵延不绝而从没中断的古老文化，并始终充满了生机与活力。

中华文化曾是东方文化摇篮，也是推动世界文明不断前行的动力之一。早在500年前，中华文化的四大发明催生了欧洲文艺复兴运动和地理大发现。中国四大发明先后传到西方，对于促进西方工业社会的形成和发展，曾起到了重要作用。

中华文化的力量，已经深深熔铸到我们的生命力、创造力和凝聚力中，是我们民族的基因。中华民族的精神，也已深深植根于绵延数千年的优秀文化传统之中，是我们的精神家园。

总之，中华文化博大精深，是中国各族人民五千年来创造、传承下来的物质文明和精神文明的总和，其内容包罗万象，浩若星汉，具有很强的文化纵深，蕴含丰富宝藏。我们要实现中华文化伟大复兴，首先要站在传统文化前沿，薪火相传，一脉相承，弘扬和发展五千年来优秀的、光明的、先进的、科学的、文明的和自豪的文化现象，融合古今中外一切文化精华，构建具有中国特色的现代民族文化，向世界和未来展示中华民族的文化力量、文化价值、文化形态与文化风采。

为此，在有关专家指导下，我们收集整理了大量古今资料和最新研究成果，特别编撰了本套大型书系。主要包括独具特色的语言文字、浩如烟海的文化典籍、名扬世界的科技工艺、异彩纷呈的文学艺术、充满智慧的中国哲学、完备而深刻的伦理道德、古风古韵的建筑遗存、深具内涵的自然名胜、悠久传承的历史文明，还有各具特色又相互交融的地域文化和民族文化等，充分显示了中华民族的厚重文化底蕴和强大民族凝聚力，具有极强的系统性、广博性和规模性。

本套书系的特点是全景展现，纵横捭阖，内容采取讲故事的方式进行叙述，语言通俗，明白晓畅，图文并茂，形象直观，古风古韵，格调高雅，具有很强的可读性、欣赏性、知识性和延伸性，能够让广大读者全面接触和感受中国文化的丰富内涵，增强中华儿女民族自尊心和文化自豪感，并能很好继承和弘扬中国文化，创造未来中国特色的先进民族文化。

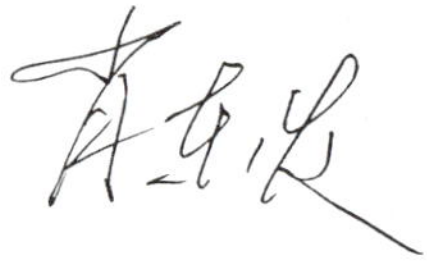

2014年4月18日

第一祭坛——北京天坛

祭地之坛——北京地坛

太阳神殿——北京日坛

夜明神殿——北京月坛

先农神殿——北京先农坛

社稷神殿——北京社稷坛

北京天坛

北京天坛是我国古代明清两朝历代皇帝祭天和祈谷的地方。

北京天坛始建于1420年，总面积为243万平方米。它的主要建筑集中在内坛中轴线的南北两端，由南至北分别为圜丘坛、皇穹宇、祈年殿和皇乾殿等。它们设计巧妙，色彩调和，技艺高超，不仅是我国古建筑中的明珠，也是世界建筑史上的奇迹。

北京天坛是我国现存最大的古代皇帝祭天建筑，它享有“天下第一祭坛”的美誉。

永乐帝为求雨而建天坛

据说明朝永乐皇帝朱棣进北京时，治了山也治了水，就是没和老天爷搞好关系。在他定都北京后，年景是一年不如一年，老天爷总是不肯下雨。

大地干得裂开了口子，种子撒在地里，全部被烤熟了，哪里长出得

北京天坛

天坛大佛

了芽啊！天旱无雨，庄稼颗粒不收，老百姓急得直跺脚。朱棣看到各地报来闹饥荒的奏折，心里别提多别扭了。

说来也巧，这天朱棣做了个梦，梦见他在地上跑着，他边跑边看，这大地怎么是白茫茫的一片啊？他再仔细一看，简直吓了一跳，原来这大地干得都泛白毛了。

顿时，朱棣觉得浑身发烫，口角发干，便想找点水喝，可是干涸的大地哪里有水啊！于是，他双手向上，仰望苍天，大声喊着："老天爷啊！赶快下场大雨吧！"

朱棣话音刚落，随着"轰隆隆"一声霹雳，从闪电中蹦出一位大汉，这位大汉浑身透红透红的。他张开大嘴说道："娘娘求雨，方可降雨！"说完，大汉就没了踪影。

朱棣醒来后，他才知这原来是一场梦。他就想，

永乐皇帝（1360—1424），就是朱棣，明太祖朱元璋第四子。明太祖去世后，继位的建文帝朱允炆实行削藩制度，朱棣于1399年发动靖难之役，于1403年攻入南京，夺取了皇位，改元永乐。他在位22年，期间功绩卓著，并迁都北京城，影响深远。

天坛方胜亭

这或许就是天赐良言吧！于是，他就传下圣旨："娘娘求雨三日，天不降雨，不准回宫。"

可是到哪里去求雨呢？群臣议论开了。有的说："就在宫里找个清静的地方，搭个台子，烧几柱香不就行了。"

有的说："那可不行，求雨要有诚意，这大明江山的兴衰，就在娘娘身上了。"

这时，一位白发苍苍的老臣，捋了一下白胡子说："《左传》上记载：天子当阳，左为阳道；右为阴道，依老臣之见，这台子必搭在国门外的南面，南为阳；正阳门外右道的左边，左为上。"

听了老臣的话，朱棣觉得有理，便说："依卿之言，娘娘求雨就应在南郊城门之左了。"

这下可忙坏了风水先生，他们东看看西瞧瞧，最后选中了一个有圆圆土丘的地方。在当时，那个圆圆

《左传》 原名《左氏春秋传》，又称《春秋左氏传》或《左氏春秋》，是我国第一部叙事详细的编年体史书，与《春秋公羊传》《春秋谷梁传》合称"春秋三传"。它的作者据传是春秋时史学家左丘明。

的黄土丘远远看去就像块金疙瘩，硬邦邦的。风水先生说，全城就数这块地方最吉祥。

地址确定后，朱棣就下令在那圆圆小土丘上搭了一个台子，接着，他又派凤辇把娘娘接来了。

再说这娘娘终年生活在宫中，哪有机会外出啊！求雨这事虽说是个苦差事，倒也可以外出看看新鲜事物。开始求雨了，娘娘拜在台上，可心却不在台上，她东瞧西看，总想开开眼界。

就这样，一天很快就过去了，天黑了下来，娘娘的玩兴已过，肚子也“咕咕”叫了。娘娘想回宫，可就是不下雨，她想起皇上的话，“天不降雨，不准回宫！”圣旨不能违呀！娘娘只好忍住了。

到了第三天，娘娘再也熬不住了，她的玩心也早就没了，只是想：老天爷，行行好，下场雨救救我吧！我快累死了、饿死了啊！

圣旨 我国封建社会，皇帝下的命令或发表的言论。圣旨是我国古代帝王权力的展示和象征，其轴柄质地按官员品级不同而有严格的区别。其材料十分考究，均为上好的绫锦织品，图案多为祥云瑞鹤，富丽堂皇，两端则有银色巨龙作为标志。圣旨颜色越丰富，说明受赠官员官衔越高。

■天坛皇穹宇

可是，尽管娘娘说了一遍又一遍，这老天爷就是不下雨。到了晚上，朱棣也急了，这样下去，也不是事儿啊！无奈之下，他便亲自来到了祭台。

娘娘看见皇上从远处而来，那委屈的眼泪便“唰唰”地流了下来。这时，只听“轰隆”一声，天上闪过雷电，一场大雨降了下来。一场困扰大明王朝的大旱，就这样过去了。

后来，朱棣心想，看来这求雨还真管事，以后每年天旱的时候就来这求雨吧！但是，他又一想，总不能年年让娘娘这样辛苦吧！

于是，朱棣就降下圣旨，在娘娘求雨的地方建了一座祭坛，因为他认为这块“金疙瘩”接天气、最吉祥。今后皇家年年就来这儿祭天、祈谷，以求上天保佑大明王朝天下太平与五谷丰登。

这个祭坛，就是后来的北京天坛。

阅读链接

据说在天坛建成以前，那里曾经是一片黄土地，住着好多农民。其中有一家张姓的农户，男主人不幸死了，家里只剩下女主人和一个十六七岁的闺女。

后来，女主人因生活劳累，一病不起。姑娘请了好多医生给她母亲治病，病就是不好。后来，姑娘听说北山山谷里有一种灵药可治她母亲的病，于是，她就孤身一人去北山采药了。

姑娘历经七天七夜，最后在一位白胡子老头帮助下，终于拿到了灵药。不久，她母亲的病真的好了。她按白胡子老头的嘱托，把灵药种子撒在自己家周围的土地上，不久就长出了许多药草。事情传开后，人们就给这些草药起名为“益母草”。

后来，北京成了都城。皇上要祭天，当他听了益母草的故事后，为了宣扬孝道，取信天下百姓，就在生长益母草的地方修建了祭天和祈谷的地方，这就是后来的天坛。

祖师爷暗助修建祈年殿

传说在修建天坛祈年殿的时候，朝廷召集了上千民工，不分昼夜地干活。有一天，有个年近70岁的老人说他会木工，要求做几天工挣口饭吃，别无他求。

工头见这个老人很可怜，就让他跟一个姓刘的木匠一起干活。刘

雄伟壮观的祈年殿

木匠就把老人带到自己的工地，他认为老人就是混饭吃的，他没有跟老人交代做什么活，只管自己闷头干了起来。

老头儿闲着没事，他就问刘木匠："师傅，你想让我做点儿什么活呢？"

刘木匠踢过一个半尺长的圆木头，看看老人说："给你，就弄这个吧！"

说完刘木匠又干起自己的活来，也不告诉老人做什么或怎么做。

老头儿也不问，扛起木头就到一边收拾起来。他用了整整一天时间，把这个木头的几面画了许多密密麻麻的数不清的黑线条。

第二天开工的时间过了，还不见老头儿人影。刘木匠生气地说："简直是胡闹，一天也没干出什么活儿来！"

刘木匠边说着，边走到老头儿做活的地方，踢了那块木头一脚，嘴里还不停地唠叨："这叫什么活儿呀！"

这一踢不要紧，话音未落，只听那木头"哗啦"一声全散了，变成了无数块木楔子，上面还有号码。

天坛祈年门

祈年殿精美彩绘

刘木匠一愣，知道其中必有缘故，他心想，莫不是遇上高人了吧！说不定这是祖师爷鲁班的指点呢！他马上就把这些木楔子细心地藏了起来，以备后用。

没过多久，祈年殿就快完工了。就在安装房梁的时候，大家发现每个梁柱的接口处都不牢固。这时候，刘木匠才想起自己保存的那些木楔子。

他赶快拿来木楔子安在梁柱接口处，发现这些木楔子不大不小，正好将“飞头”与“老檐”牢牢地固定住了。房梁安装好了，这些木楔子也都用完了，一个不多，一个不少！

有人觉得奇怪，就问：“刘木匠，你怎么知道事先备好这些木楔子呢？”

刘木匠就把那老头儿的事告诉了大家，大家都相信，就是祖师爷鲁班帮助了刘木匠。而鲁班生活的年代，是我国的春秋战国，这比天坛的建造年代要早将

鲁班（约前507—约前444），鲁国人，春秋末期著名工匠，被后世尊为我国工匠师祖。鲁班并非本名，其真实姓名众说纷纭，古籍记载有公输班、公输盘、公输般等。鲁班的发明有很多，鲁班的名字已经成为古代人民勤劳智慧的象征。

楹柱 我国古代大型建筑门前的两根柱子。大殿门前左右各一根立柱，威武而有气势。楹在我国古代是用以计算房屋的单位，一说一列为一楹，一说，一间为一楹。把对联贴到楹柱上则称为“楹联”。

嘉靖皇帝（1507—1566），名厚熜，1521年至1566年在位。明宪宗庶孙，兴献王朱佑杬嫡子。1521年即位，改年号为嘉靖。世称明世宗，曾重建祈年殿。

近2000年，鲁班自然不可能帮助修建祈年殿的。

那么，人们为什么会想到鲁班呢？因为他是我国工匠的开山鼻祖，他在机械、土木、手工工艺等方面都有所发明，并且代表了当时的最高技术水平。

鲁班帮助修建祈年殿的传说，正是后人看到祈年殿那华美的建筑、精湛的技艺、流美的线条，便想只有祖师爷鲁班才能建造出那么美的建筑，于是才有了这个神奇故事。

那么，北京天坛的祈年殿到底是一个什么样的建筑呢？

祈年殿建于1420年，当时取名大祀殿，是一座宽12间、深36间的黄瓦玉陛重檐垂脊的方形大殿。

大祀殿与其说是祭坛，不如说是一座宫殿，后来的嘉靖帝旨意拆除，并于1545年在大祀殿原址上建成了三重顶的圆殿，取名为大享殿。殿顶覆盖上青、中

■ 祈年殿外的石刻

黄、下绿三色琉璃，寓意天、地、万物。

1751年，大享殿经修缮后，改三色瓦为统一的蓝瓦金顶，定名“祈年殿”，是正月祈谷的专用建筑。

1889年，祈年殿不幸被雷电击中而焚烧了。因楹柱为檀香木，而被燃烧时香飘数里。

据传，当时北京古建筑材料中有著名的四宝，即祈年殿的沉香木楹柱，太庙前殿正中3间的沉香木梁柱，颐和园佛香阁内铁梨木通天柱，谐趣园中涵远堂内沉香木装修格扇。

天坛祈年殿牌匾

后来所看到的祈年殿，是雷击之后重修的，其形状和结构都与原来的一样。

第二年，皇帝召集群臣商量重建祈年殿。因找不到图样，掌管国家建筑事务的工部便把曾经参加过祈年殿修缮事务的工匠们召集来，让他们根据记忆、口述制成图样，再施工建造。因此，后来的祈年殿是清代光绪年间的建筑，但是，基本建筑形式、结构，还保留着明代的样子。

谐趣园 在颐和园的东北角，它小巧玲珑，自成一局，故有“园中之园”之称。谐趣园这座小园是清朝乾隆时仿照无锡惠山脚下的寄畅园建造的，原名惠山园。建成后，乾隆曾在诗序中说：“一亭一径足谐奇趣。”嘉庆时重修改名“谐趣园”。

重建的祈年殿是一座直径为32.72米的圆形建筑，镏金宝顶蓝瓦三重檐攒尖顶，层层收进，总高38米。

祈年殿采用的是上殿下屋的构造形式。大殿建于高6米的白石雕栏环绕的三层汉白玉圆台上，即为祈谷坛，颇有拔地擎天之势，壮观恢弘。

祈年殿内景

祈年殿为砖木结构，三层重檐向上逐层收缩作伞状。建筑独特，无大梁长檩及铁钉，28根楠木巨柱环绕排列，支撑着殿顶的重量。

祈年殿是按照“敬天礼神”的思想设计的，殿为圆形，象征天圆；瓦为蓝色，象征蓝天。殿内柱子的数目，据说也是按照天象建立起来的。

宝顶下的雷公柱则象征皇帝的“一统天下”。祈年殿的藻井是由两层斗栱及一层天花组成，中间为金色龙凤浮雕，结构精巧，富丽华贵。

鎏金 又称飞金、金错，是我国一种传统的手工艺技术，我国是世界上最早使用这一技术的国家。我国的鎏金技术文化，自战国以来即大放光彩，尤以两汉最为普遍，其制作方法是将金与银混合熔化后，涂上铜器表面，经温烤后固著，再打磨而成，华贵璀璨经久不褪。

祈年殿的内部结构比较独特，不用大梁和长檩，仅用楠木柱和枋桷相互衔接支撑屋顶。殿内有楠木柱28根，数目排列切合天象：中央4根龙柱高19.2米、直径1.2米，象征四季，中圈12根金柱象征一年12个月，外层12根巨柱象征一天12个时辰，中层和外层相加象征二十四节气，三层柱总共28根象征二十八宿。

殿内地板的正中是一块圆形大理石，带有天然的龙凤花纹，与殿顶的蟠龙藻井和四周彩绘金描的龙凤和玺图案相互呼应，使整座殿堂显得十分富丽堂皇。

祈年殿这座大殿坐落在面积达5900多平方米的圆形汉白玉台基上，这就是祈谷坛。台基分3层，高6米，每层都有雕花的汉白玉栏杆，气势巍峨。这个台基与大殿是不可分的艺术整体。

从祈年殿的大门往南望去，只见那条笔直的甬道，往南伸去，一路上门廊重重，越远越小，极目无尽，有一种从天上下来的感觉。

祈年殿内，天花板处是精致的“九龙藻井”，龙井柱则是描金彩绘。

殿内中央有一块平面圆形大理石，石面上的花纹，是自然形成的龙凤花纹，一条行龙抱着一只凤凰，这便是“龙凤石”，即“龙凤呈祥”。

相传，这块石头上原来只有凤纹，而殿顶藻井内只有雕龙，年长日久，龙、凤有了灵性，金龙常常飞下来找凤石上的凤凰寻欢。

不料有一天正遇见嘉靖皇帝来祭天，在石上跪拜行礼，金龙来不及飞回去，和石上的凤凰一起被嘉靖皇帝压进圆石里面，再也无法出来，从此变成一深一浅的龙凤石。

祈年殿原来在1889年被焚

敬天礼神 我国古代流行的自然崇拜，以后发展为对最高神“天”的崇拜，敬天成为我国古老的自然崇拜仪式之一。我国古代有一整套敬天的宗教礼仪，这些礼仪为道教所吸取，并融会进其神仙体系和教理教义中，形成对元始天尊的崇拜以及三十六天的天界说。

天坛祈年殿藻井

牌位 又称灵牌、灵位、神主、神位等，是指书写逝者姓名、称谓或书写神仙、佛道、祖师、帝王的名号、封号、庙号等内容，以供人们祭奠的木牌。牌位大小形制无定例，一般用木板制作，呈长方形，下设底座，便于立于桌安之上。古往今来，民间广泛使用牌位，用于祭奠已故亲人和神祇、佛道、祖师等活动。

烧时，这块龙凤石被烈火熏烧了近一个昼夜，石块虽未被烧碎，但龙纹被烧成了浅黑色，凤纹已经被烧得模糊不清了。

祈年殿前有东、西配殿各9间，称东庑和西庑，是收藏配神牌位的库房。在原来明代祭天的时侯，除祭祷皇天上帝之外，还要配祭皇族朱氏祖先，以及日、月五星，东、西、南、北、中的五大岳，五小岳的五镇，四海四湖、风云雷雨、山川、太岁、道教等各神祇和历代帝王等。

祈谷坛东南角设燔柴炉、瘗坎、燎炉和具服台。坛北有皇干殿，原先放置祖先神牌，后来牌位移至太庙。坛边还有祈年门、神库、神厨、宰牲亭、走牲路和长廊等附属建筑。长廊南面的广场上有七星石，是嘉靖年间放置的镇石。

尽管祈年殿已有300多年的历史，其间历经不少

祈年殿内景

沧桑，但它依然殿宇不斜，木架不朽，巍然屹立在华夏大地上，真可谓中华民族的骄傲，世界建筑史上的奇迹！

阅读链接

据说明朝嘉靖帝要在南城天坛重建祈年殿，就下旨招能工巧匠设计方案。最后，这些工匠们都认为自己的方案好，督办大臣也没有了主意，就亲自到天坛实地考察。

督办大臣围着旧殿转了几圈，也没看出什么。眼看就要到晌午了，就想吃饭去。刚一出门，他就看见一个卖蝈蝈的和一个醉汉在争吵，可能是醉汉压死了几只蝈蝈。

督办大臣觉得有趣就掏出两个大钱，说是替醉汉赔钱。卖蝈蝈的说："大人，我也不让您吃亏，我给您编一个蝈蝈笼子吧！这是我家祖传手艺。"

当督办大臣拿到编好的蝈蝈笼子时，简直惊得目瞪口呆。原来这笼子结构精巧，玲珑剔透，很有气势。据说，后来工匠们就是参照蝈蝈笼子才建成了宏伟的祈年殿的。

丹陛桥和鬼门关的故事

在北京天坛里，从圜丘坛到祈谷坛，有一条长360米的南北大道，它叫丹陛桥。它名字虽然叫桥，可是没有桥，更没有桥“翅”儿，这是为什么呢？

据说，祭坛修好了，永乐帝前来参观。只见坛的北面墙是圆的，

天坛丹陛桥

天坛亭榭

南面墙是方的。北墙象征着“天圆”，南墙象征“地方”。这正合他的心意。

再看看坛内的大祀殿又高又大，直上云天，仿佛天上的宫阙一般，皇帝的心中也很满意。但皇帝转念一想，又觉得光有“北圆”、“南方”的天地墙，高耸入云的大祀殿，而没有一条通天的大路，还是不够气派啊!

于是，皇帝又吩咐工部大臣要在大祀殿以南，修一条天道，使皇上能够步步升入天庭。并且说：“限你两个月修成，到时要是修不好啊，要治你的罪呀!”

工部大臣领了皇上的口谕，诚惶诚恐。他想不出修这种大路的法子，但皇上是金口玉言，不能不听呀。

于是，工部大臣就把北京的建筑工匠都抓到天坛来了。他先把皇上的旨意说了一遍，叫他们在一个月

宫阙 古时帝王所居住的宫殿。因宫门外有双阙，故称宫阙。我国宫殿是古代帝王所居的大型建筑组群，是古代最重要的建筑类型。在我国长期的封建社会中，以皇权为中心的中央集权制得到充分发展，宫殿是封建思想意识最集中的体现，在很多方面代表了我国传统建筑艺术的最高水平。

天坛宫门

内将路修好。否则一律杀头。这可把工匠们难住了，这样的路谁都没见过，更别说从何修起了。

就在这个时候，从人堆里面冒出来一个瘦老头儿，他不慌不忙地走到工部大臣面前，从容不迫地说："这路我可以按期修好，但我有一个条件：凡是跟我干活的，都得给双倍的工钱。"

这位大臣当然满口答应了。他想，这个活有人干就不错了，我还怕找不到人来做呢，钱还是问题吗，国库里有的是银子。

这瘦老头儿就是当时最有名的瓦匠师傅，他受过名师指点，不光瓦匠活样样精通，还是一个天才的设计师，经他手盖起的宫殿楼阁，那是不计其数。北京城的工匠师傅们没有一个不敬重他的。

他刚一到这儿，就把周围的地形看在眼里，记在心中，很快就形成了一个修路的方案。工匠们见是老瓦匠师傅领了头，心里也就踏实下来了。于是，从第二天开始 ，大伙就在老瓦匠的指导下，动手修这通天路了。

俗话说，人多力量大。人们凿石的凿石，砌砖的砌砖，不到一个月的工夫，路就修成了。这条大路

御道 专供皇帝走的路，多指我国古代大型建筑物前面或举行某种活动时专供皇帝走的路。《故宫博物院》记载，每逢大典，殿外的白石台基上下跪满文武百官，御道两边排列着仪仗，皇帝端坐在宝座上。

路面宽阔，中为“神道”，左为“御道”，右为“王道”，玉帝走“神道”，皇帝走“御道”，王公大臣走“王道”。整个大路由南向北逐渐升高。这样设计，不就象征着皇帝步步升高，直达天庭了吗?

就这样，老师傅用自己的智慧修好了这条通天大路，救了大臣和工人们的性命。

通天路是有了，可它为什么又叫“桥”呢？这还有一个“鬼门关”的传说呢！

当年天坛里面饲养祭祀牲畜的地方叫牺牲所，屠宰祭祀牲畜的地方叫宰牲亭，这两组建筑，一个在天坛的西南角，一个在东北角。要把牺牲所的牲畜赶到宰牲亭去宰杀，就必须横穿通天路。

但当时皇帝有一个规定，除了天上的飞鸟，任何地下的走兽，都不准从大路上通过，怕的是弄脏了神路，玉帝降下罪来。

为此，人们就在大路下面开了一条东西隧洞，它

鬼门关 我国神话传说中阴曹地府的一个关隘。我国民间相传农历七月是“鬼月”、七月十五是“鬼节”。其实在现实中鬼门关是存在的，它位于现在的广西北流县西，介于北流、玉林两县之间。这里双峰对峙，中成关门，其间不过30步，瘴气滋生，蚊虫鼠蚁繁多，鸦雀悲鸣，甚是可怕，故称“鬼门关”。

天坛内的神厨

券洞 简称拱或券，又称拱券或法券，我国古代的一种建筑结构。它除了竖向荷重时具有良好的承重特性外，还起着装饰美化的作用。其外形为圆弧状，由于各种建筑类型的不同，拱券的形式略有变化。早在西汉时期，我国就应用了券洞技术。

与上面的大路形成交叉，故称“桥”。因为这个隧洞是专门赶运牲畜的过道，所以又叫“进牲门”。从进牲门过去的牲畜，不出半天时间，就会全部死于血泊之中，没有一个能够生还的。因此，人们又把它叫做“鬼门关”。

其实，丹陛桥又叫海墁大道，是一条贯通南北、串联中轴线上建筑的宽广甬路，它由白石筑成。丹陛桥北连祈谷坛，南接圜丘坛，长360米，宽29米，南低北高。

大道下有一东西走向的券洞，叫进牲门，每次祭祀时，都用黄绒线将“牲”捆好，用木盆盛活鱼，击鼓奏乐穿门而过，因此这个洞也叫鬼门关。

阅读链接

据说鬼门关里面黑乎乎的，没人敢从这里穿过。人们纷纷传言天坛鬼门关里闹妖精，经常有牛妖羊鬼出来作祟。

那么，谁来降妖除怪呢？这还有一个故事呢。据说在王母娘娘生日的这一天，四面八方的神仙都赶到天宫瑶池来祝寿。王母娘娘在瑶池摆下了蟠桃盛会，还有许多仙女跳舞助兴。

这天江西龙虎山的张天师也来祝寿，他和神仙们一起喝着美酒，吃着鲜桃，欣赏着仙女们的翩翩舞姿。一时兴起，不小心将手中的玉杯掉在地上，打了个粉碎，大煞风景。

玉帝大怒，要将张天师推到法场剔骨斩头，幸亏太上老君求情他才躲过一劫。

玉帝便说：“我把你再次贬到下界，让你到天坛鬼门关做个镇守，你要安心在那里降妖除魔，将功补罪。“

张天师谢过恩之后，便带上降妖宝剑，下界到天坛除妖来了。他在鬼门关前尽职尽责，守护着一方平安。

天坛天心石的神奇传说

天坛圜丘的中央，有一块天心石，它就像一个大圆盘。如果有人站在上面跺一下脚，四面都有回声呢！这是为什么呢？

传说从前有一个皇帝，好摆威风，文武百官整天围着他转，他还

圜丘天心石

天坛古树

嫌不满意。有一天，他对军师说："我是奉天承运的天子，走到哪里，都应该是一呼百应和天下震动，你看怎么才能找到这种感觉呢？"

军师说："这得顺应'天心'才行。臣以为，找一块天心石，搭上丘台，陛下站在上面，就能'一呼百应'和天下震动了。"

皇帝说："好，这个办法不错。"说完，他立刻传旨，派人到各地去寻找天心石。

领旨的官员跑遍了全国各地，也没听说过什么天心石，实在没有办法了，就只好返回京城。

有一天，他经过五台山，遇见了一个正在雕石龟的老石匠，他走上前去，一看这个石龟青里带蓝，还有云层飞绕，就躬身问道："老师傅，这究竟是什么石头啊？"

陛下 原为宫殿台阶，后指下臣对君主的尊称，秦朝以后只用以称呼皇帝。我国古代，当臣子与帝王谈话时，不敢直呼天子，必须先呼台阶下的侍者而告之。因而称"陛下"，意思是通过在你台阶下的臣属向你传达卑者的话，表示卑者向尊者进言。

老石匠说："是天星石。"

官员一听，误以为是天心石，赶忙问道："它的产地在哪里呀？"

老石匠说："在五台山。"

官员想，只要有地方就好办了。他又问道："你在雕什么呀？"

"我在雕石龟。"

"给谁雕呀？"

"皇差！"

官员听到这"皇差"这两个字，满心欢喜，他对老石匠说："你不用雕石龟了，现在皇上要的是天心石，你跟我走吧！"

老石匠看了看他，说："那……石龟呢？"

"这你就不用管了，一起带上，跟我进京吧！"说完，他硬拉着老石匠就走了。

五台山 位于山西省东北部，我国佛教四大名山之一，由东西南北中五大高峰组成，据说代表着文殊菩萨的五种智慧。五台山是我国唯一的汉传佛教和藏传佛教交相辉映的佛教道场，汉蒙藏等民族在此和谐共处。在佛教文化等宗教文化的发展下，寺庙林立，景点遍布整个景区。

■ 天坛建筑

■ 天坛圜丘坛

刚到北京，官员就禀报军师，说："天心石找到了。" 军师听了，非常高兴，可抬头一看，竟然是个石龟，脸色立即沉了下来，大声斥道："亏你还是个官员！这是天心石吗？我要找的是天心石，而不是石龟。"

官员说："这就是天心石，一个老石匠说的。"

军师说："老石匠在哪儿？"

老石匠来了，军师问道："这到底是什么东西？"

老石匠回答说："回禀军师，这是我们五台山的天星石，石龟也是我雕的。"

军师也误听为这就是天心石，马上就派人去五台山采石了。

为了尽快完成皇帝交给的任务，官员们就让工人们动手修建圜丘了。圜丘的图样很特别，它是个圆圆的大丘台，是用九圈石头砌成的一个圆坛。

第一圈9块石头，第二圈18块石头，第三圈是27块……一直至第九圈81块。为什么要用"九"这个数呢？这个九就象征着天下的九州，有天下九州尽揽怀中的意思。

圜丘的中心就是一块天心石，它位于"九州"的

九州 我国古代的别称之一。我国古代的人们将全国划分为9个区域，即所谓的"九州"。根据《尚书》记载，九州分别是徐州、冀州、兖州、青州、扬州、荆州、梁州、雍州和豫州。相传大禹治水时，把天下分为九州，于是九州就成了古代中国的代名词。

中心。换句话来说，这里既是天心，又是地心，象征着皇家的威风。

圜丘修好了，军师来验工了。他站在天心石上，举目眺望，果真有居天下之中心的感觉，心想，这可算是顺应天心了。可是这地方是否能"一呼百应"呢？他想试试，于是使足了力气，高喊一声，可是等了好久，却没有回声。

这下他可急了："这天心石怎么会没有回声呢？这让我怎么向皇上交待呀？"

老石匠说："要回声不难，在圜丘四周修上几层矮墙，回声就出来了。"

于是，军师就下令修建矮墙。圜丘分三级，矮墙也分三级。在这之外，还有一个"南圆北方"的围墙，取"天南地北、天圆地方"的意思。

修完以后，军师再一试，果然回声四起。就这样，圜丘天心石就成了"一呼百应，天下震动"的一个奇迹了。

那么，天星石怎么就成了天心石了呢？其实，天下本没有天心石，只是老石匠懂得其中的奥秘罢了。直至后来，人们在游览天心石时，还要跺一下脚，听听那震荡的回声哩！

阅读链接

天坛圜丘中心的一块圆形石板就是天心石。关于天心石名称的来历还有这么一个说法。说是当人们站在圜丘中心的石板上喊话时，就会听到仿佛从地层深处传来的响亮而又深沉的回响，这声音仿佛来自地心，又仿佛来自天空，人们就为它取了一个充满神秘色彩的名字，那就是天心石。

另一说法是，天石是古代人对于陨石的一种称呼。古人见陨石由天而降，便称呼为天石。天石的种类很多，经常被用来做雕刻，其中最名贵的一种叫天心石。

历史悠久的祭祀文化

我国从远古时期，就开始讲究礼仪，儒家成为正统思想后，礼仪更是无所不在。与人们日常生活中的礼仪不同，天坛的祭天就显得更为神圣，就连贵为天子的皇上也要跪拜。

天坛祭祀场景

■天坛祭祀场景

我国古代祭祀天地的历史非常悠久，日积月累就逐渐形成了一套程序复杂、规模宏大的仪式。在举行仪式时，不仅对物品、衣着、器皿有许多讲究，还要有专门的音乐演奏。这些仪式的存在，使天坛的祭祀活动逐渐演变成了天坛文化的一部分，不断为后人所称道。

我国古代的祭祀到了明清时期，都城的大型祭祀活动每年有3次，都是当时的皇帝亲自主持，并且在天坛举行。

天坛并非仅仅用来祭天，它还兼有祈谷和祈雨的功能。每年春节这一天，皇帝都要在天坛的祈年殿举行祈谷礼，祷求上天保佑天下太平、五谷丰登。

每年的农历四月初四，在天坛的圜丘坛都要举行雩礼，为百谷祈求降雨。

雩礼 古人求雨时举行的祭祀。如果天气大旱，就行大雩之礼。“清代时，每年孟夏择日行雩礼于园丘。如行雩礼后不下雨，皇帝要遣官分祷于天神、地祇及太岁。如越七日仍无雨，祭告社稷坛。如七日后仍不下雨，乃复告天神、地祇及太岁。三复不雨，乃行大雩礼。”

天坛具服台

每年冬至这一天，皇帝要来圜丘坛举行告祀礼，禀告上天五谷业已丰登了。此次主要是祭祀皇天，并配祭皇帝列祖列宗及日、月、星辰、云、雨、风、雷等，这就是祭天大礼。

祭天是随着先民对天的不断认识而逐渐发展和完善的，而我国古代对天的信仰从周朝时就已经固定了下来。

历代皇帝都认为自己是天之子，是受命于天，天能主宰世间一切，天是人间帝王的君父，帝王顺理成章成为天子。古代人认为：

天子者，与天地参，故德配天地，兼利万物，与日月并明，明照四海而不遗微小。

祭天理所当然地就成了天子的一项主要活动。

祭天的种类也有多种，古代主要有3种情况：一

封禅 我国古代一种表示帝王受命于天下的典礼。它起源于我国春秋战国时期。古代的人们认为泰山是世界上最高的山，人间的帝王应到这座山上去祭天帝。于是人们就把祭泰山的望祭扩大为整个国家的望祭，并定名为“封禅”。封是祭天，禅是祭地。

是季节性常祀，分为孟春祈谷，孟夏大雩，季秋大享明堂；二是皇帝于冬至在圜丘举行的南郊大礼；三是最隆重的祭天礼，即在泰山举行的封禅大典。

祭天被列为当时朝廷的重大典礼之一，周朝时已形成了制度，并有了一套颇为复杂的仪式。祭天大礼在每一朝都城的南郊圜丘举行，这一仪式始于汉代。

到了西汉成帝时，在长安南郊设立了圜丘，并按古代礼仪进行了隆重祭典。这套仪礼制度曾有反复，直至西汉末年才最终确定了下来，并明确了天的至上地位。而曾经受人尊崇的五帝，即苍帝、赤帝、黄帝、白帝、黑帝，则变成了天的属神。

从此以后，历代统治者沿袭此制，均在南郊建立圜丘祭天，直至清末。历代帝王在南郊设立的圜丘都称作天坛，它渐渐成为了一个王朝政权合法的标志。

我国历史上的每一代帝王都极为重视天坛的兴建，祭天成为了当时王朝政治生活中必备的仪式大典。

汉成帝（前51—前7），刘骜，汉元帝长子，西汉的第十二位皇帝。由于是嫡皇孙，刘骜深得祖父汉宣帝的喜爱，常常陪伴于宣帝左右。青年时的刘骜爱读经书，喜欢文辞，宽博谨慎，后来却变得终日沉湎于玩乐，竟成了一代昏君。汉成帝在位时期，外戚把政，政治腐败，民不聊生，汉朝从此衰落。

天坛神乐署

重五 就是端午节，为每年农历五月初五，又称端阳节、午日节、五月节等。端午节是我国古代人民纪念爱国诗人屈原的传统节日，在端午节，人们有吃粽子，赛龙舟，挂菖蒲、蒿草、艾叶，薰苍术、白芷，喝雄黄酒的习俗。时至今日，端午节仍是我国一个十分重要的传统节日。

天坛祭天这一仪式，不但被汉族帝王所传承，就是少数民族建立的政权，也都沿袭不改。金人在重五、中元、重九这几天，也要举行颇具草原民族豪情的“拜天射柳”仪式，而一旦掌握朝政，便立即放弃旧俗，就建坛拜天。

祭天通常在露天举行，人们供奉的祭品只有上天才能接受。圜丘坛建立于旷野，直面蓝天，正体现了古人的这一思想。

祭品在仪式中必不可少，因为它代表了人们的虔敬，而牺牲主要有牛羊猪等，是供奉上天的食物，当然要经过严格的挑选。

就牛而言，首先要是公牛，皮毛纯净，选好后要精心喂养。祭祀用的牛不能有丝毫损伤，倘若有一点纰漏，都要随时更换，因为祭品必须是完美无缺的。

天坛燎炉

历代帝王祭天都遵循周朝礼制，虽然时有增减，

■天坛祭天殿

但大体变化不大。明代在天坛祭天可见一斑，天子在祭天之前要斋戒沐浴，以示对天的虔敬，此为祭礼的前奏。

斋戒分为散斋4天，致斋3天。在此期间，皇帝不能吃荤，不能喝酒，不食葱蒜，不听音乐，不吊丧，不理刑事，等等，并且要在天坛的斋宫内进行。

历代皇帝都很重视祭天之礼，乾隆帝在位60年中，亲自到圜丘行礼59次，亲自到祈谷坛行礼58次。他中年时常从紫禁城步行至天坛举行祭典，60岁以后精力减退，曾命大学士、礼部酌减礼仪，但告诫臣子“敬天报本，不可疏略”。

重视归重视，但对于过惯了舒适生活的皇帝来说，祭祀时的斋戒实在是苦行僧的日子，因此他们想尽办法简化。清代雍正帝就在仪式举行之前才到天坛的斋宫致外斋，这只不过是做做样子，走走过场而

重九 就是重阳节，为每年的农历九月初九。《易经》中把九定为阳数，九月初九，两九相重，故而叫重阳，也叫重九。重阳节早在我国战国时期就已经形成，到了唐代，重阳被正式定为民间的节日，沿袭至今。重阳节这天所有亲人朋友都要一起登高“避灾”，插茱萸、赏菊花。

天坛祭天仪仗

已，斋宫也形同虚设。

虽然在《周礼》《诗经》等古代典籍中已有对祭天活动的记载，但纵观我国历朝历代，清朝在祭服、流程上的条文规章，多过之前的历朝历代。也可以说，清朝是我国历代王朝中祭天礼仪最复杂和最完备的时期。

明清时祭祀的礼节日益繁复，到了清代乾隆时期，各种礼仪制度日益完善，祭祀的大典礼仪与程序规模越来越宏大，场面也更加隆重。祈谷典礼的主要目的是祈祷农业丰收，每年的典礼都在天坛的祈年殿举行。

祭祀前一天，皇帝要到皇乾殿上香行礼，用龙亭将“皇天上帝”牌位及皇帝祖先牌位，恭请到祈年殿内。然后，再到神厨、神库视察祭祀物品的准备情况，巡视完毕后，返回斋宫戒斋。

《周礼》 我国古代关于政治经济制度的一部著作，儒家经典之一，为西周政治家思想家周公旦所著。它包括天官、地官、春官、夏官、秋官、冬官等6篇，故本名《周官》。《周礼》所涉内容极为丰富，大至天下九州，天文历象，小至沟洫道路，草木虫鱼，凡邦国建制，政法文教，无所不包，堪称为“上古文化史之宝库”。

祭典当天的日出前七刻，天坛的斋宫鸣钟，皇帝出斋宫至具服台更换祭服，经祈年门进祈年殿，立于龙凤石南侧拜位。而王公大臣的陪祭拜位设于殿门外，文武百官的拜位设在坛台之下。

此时，皇帝向“皇天上帝”牌位，行三跪九拜礼，百官随之叩拜。

祈谷典礼的祭祀有九项仪程。

第一项仪程为燔柴迎帝神，赞引官唱赞《燔柴迎帝神》。燎工将一整只牛犊置于燔柴炉口，将敬献上帝的牺牲毛血掩埋在瘗坎里。

此时，乐官高唱《乐奏始平之章》，由73人组成的中和韶乐乐队开始奏乐，钟鼓齐鸣，气势非凡。皇帝到上帝位前，一上描金龙沉炷香，二上捧瓣香，然后依次到列祖列宗神位前行礼。

皇乾殿 皇乾殿又叫祈谷坛寝宫，位于北京天坛祈谷坛下、祈年殿北，为一座五间殿宇。这是一座庑殿式大殿，覆盖蓝色的琉璃瓦，下面有汉白玉石栏杆的台基座。它是专为平时供奉“皇天上帝”和皇帝列祖列宗神位的殿宇。神位均供奉在形状象屋宇的神龛里，每逢农历初一、十五，管理祀祭的衙署定时派官员扫尘、上香。

天坛祭祀牌位

读祝官 我国古代官职之一，在清朝，该官职品等为正七品。该官职配置于掌坛庙祭祀的太常寺，主要为礼部官员专任或兼任。主要为祝文宣读。

帛 我国古时对丝织品的总称，如布帛、帛书、帛画等。它包括锦、绣、绫、罗、绢、絁、绮、缣、紬等，曾在我国古代长期作为实物货币使用。

第二项仪程为奠献玉帛。皇帝将圆形苍璧敬献给皇天上帝，这是祭祀礼仪的重要标志之一。然后，将祭祀用的玉帛敬献给皇天上帝，再依次将祭祀先人用的玉帛敬献给列祖列宗。

第三项仪程为进俎。由执事人员将犊牛放入俎内陈放在神位前，由浇汤官将滚烫的汤水浇到犊牛身上，一时间淑气四溢，以馨亨皇天上帝、祖宗。

第四项仪程为初献敬酒。司爵官将醴酒奉给皇帝，皇帝将酒献于皇天上帝，第一献放置于神位前中间的位置上。与此同时，舞生起舞，先舞武功舞。皇帝献给上帝的酒陈放在供案后，乐舞停止。接着，读祝官朗读祝文，祈谷祝文大致内容是：

某年月日嗣天子某谨告皇天上帝，我承上帝之命统有万方，人民希望生活安定。

■北京天坛棂星门

现已到奏，春耕开始，我诚恳地准备迎接上帝降给的幸福。

谨率领百官用玉帛、犊牛、粟、枣、米谷、俎肉、蔬菜等物恭祭。

请祈风调雨顺，谷物丰收，三农仰赖。并请我祖先来奉陪。

请神接受敬意。

读祝官朗读祝文后，乐奏舞起，皇帝依次为列祖列宗敬酒。

第五项仪程为平静献。皇帝将第二爵醴酒献给皇天上帝，然后依次献给祖先。献酒时，64名文舞生手执羽龠，跳起文德舞。

第六项仪程为终献敬酒。

第七项仪程为撤馔。执事人员将馔盘内供品从坛上撤下，依次送往燔柴炉及燎炉准备焚烧。

第八项仪程为望燎。皇帝到望燎位观看焚烧过程。所有献给上帝及列祖列宗的供品，分别送入燔柴炉及燎炉内焚烧，以示虔诚。

祭天典礼经过了一个演变过程，从明时到清初，演变为圜丘祭天、孟春祈谷，皇帝均从天坛西外坛门进入，至清乾隆十六年，又新开了一

天坛祭祀大典

圭 我国古代在祭祀、宴飨、丧葬以及征伐等活动中使用的器具，其使用的规格有严格的等级限制，用以表明使用者的地位、身份、权力。

赞礼 我国古代官名，指赞礼郎。明清太常寺都设有赞礼郎，掌管祀典赞导之事。清代孔尚任在《桃花扇·先声》中说：“老夫原是南京太常寺一个赞礼。”

处外坛门。从此，这两门有了分工，即皇帝祈谷仍走原来北边的门，而冬至祭天则要走新开的南门。

祭天时，在天坛圜丘上层北面设圆形蓝缎幄帐，只供皇天上帝神位。两侧设长方形幄帐，供皇帝列祖列宗配位，其余日、月、星辰、雷、雨、云各从位设帐于中层两侧供奉。每年冬至那天的日出前，皇帝都来此致祭。

皇帝到圜丘祀天，需先在坛东南的幕次内更换祭服，还要脱去鞋子，然后才能登坛行礼。其他如导驾、赞礼、读祝、陪祀、分献等官员，也都一律脱鞋后，方可登坛供事。

至于坛下的协律郎、乐舞生们，虽不能登坛，但也都是要脱鞋后就位执事。祭祀终了，再重新把鞋穿好。这一制度，从洪武八年起实行至嘉靖十七年，即明代重又恢复“天地分祀”之后，才取消。

明代皇帝到圜丘祭天，要手执一种上尖下方的称为圭的玉质礼器，。

天子在祭祀前两天，要去查看祭祀所用的牺牲和器皿。祭祀前一天，有关部门把祭祀用的一切物品都要陈设停当。

神位正中为皇天上帝，两侧配亨祖先以及日、月、星、辰、风、雨、雷、电诸神，神位前摆放登、笾、豆、簋、尊、爵等礼器，分别盛有各种祭食。

祭天仪式从冬至日拂晓开始，因为冬至这天夜里阳气开始逐渐增强，而阳气能促使万物滋生繁衍。由于仪式在拂晓举行，所以天坛圜丘坛内墙外面西南方向有灯杆，上面悬挂有大灯笼，当时叫做天灯，照得坛内通明。

皇帝从斋宫坐车来到事先搭好的大帷幕内更换衮

洪武 我国明代第一个年号，时间为1368—1398年，当时在位皇帝为明朝开国皇帝朱元璋。明朝洪武年间，实行了较开明的经济政策，鼓励生产发展，在一定程度上提高了低层民众的地位。但政治较为严苛，除设立特务机构锦衣卫外，还强化了科举制和对官员的控制。

天坛一角

冕，然后就位。整个仪式在赞礼官的指挥下进行。祭天大典分为迎神、奠玉帛、进俎、行初献礼、行亚献礼、行终献礼、撤豆、送神、望燎九项程序，直至祭品焚完才算结束。

祭祀过程中，皇帝要率领文武百官不断跪拜行礼。赞礼官高声唱和，人们随之做相应的动作。在赞礼官的唱和下，《中和之曲》奏响，然后郊社令把燎坛上的柴草点燃，焚烧牺牲，随着烟雾飘飘而起，祭品也就意味着送到了上天那里。

皇帝行完拜礼后，走到盥洗位把手里的圭插在腰间，先净手，拿出圭，走上祭坛。《肃和之曲》随之奏响，皇帝跪在皇天上帝的神位前，再搢圭，三上香，奠太帛，出圭，行再拜礼，回到原位。开始奏《凝和之曲》，皇帝到神位前搢圭，奠俎，出圭，回到原位。

接着行初献礼，皇帝走到爵先位，搢圭，洗爵，擦爵，交给执事者，出圭。又走到酒奠所，搢圭，执爵承酒，交给执事者，出圭。

当《寿和之典》响起，随之跳武功之舞，皇帝在神位前下跪，搢圭，上香，祭酒，奠爵，出圭。读祝官读完祝文后，皇帝俯身下拜，起

天坛围栏

身，再拜，然后回到原位。

亚献礼在《豫和之曲》与文德之舞中进行，行终献礼时奏《熙和之曲》。亚献礼和终献礼与初献礼仪式相同，但不读祝文。

在赞礼官“饮福受胙”的唱和声中，皇帝再次走上祭坛，在饮福位行再拜礼，下跪，搢圭，接过爵，祭酒，饮福酒，把爵放在坫上。然后从奉胙官手中接过胙，交给执事者，出圭，下拜，起身，再拜，回到原位。

天坛内的雕刻

随之《雍和之曲》响起，掌祭官把豆撤下，在《安和之曲》中送神，皇帝行再拜礼走到望燎位，在《时和之曲》声中看着焚燎祝版丝帛。

至此礼毕，皇帝回到大帷幕中，脱去衮冕，全部祭天仪式才宣告结束。

天坛祭天的音乐主要是中和韶乐，它是一种集礼、乐、歌、舞为一体的皇家祭祀音乐。中和来自儒家伦理道德观念，儒家认为，人的修养能达到中和境界，就会产生“万物位焉、万物育焉”的神秘效果。

韶乐即美好的音乐。相传舜制的音乐为韶。中和韶乐即最美好的音乐，用于祭祀和大朝会、大宴飨。

顺治元年议定，祭天地、太庙、社稷，都要用中

衮冕 即衮衣和冕，是我国古代皇帝及上公的礼服和礼冠，是皇帝等王公贵族在祭祀天地、宗庙时穿的正式服装。《周礼》中就有关于衮冕的记载，至明洪武十六年始定衮冕制度。明代衮冕是历代以来唯一在文献、图样、绘画和出土实物几个方面都有详细资料的皇帝大礼服。

和韶乐，亦称宫廷雅乐，它包括祭祀乐、朝会乐和宴会乐。朝会乐、宴会乐只有奏乐而无演唱和舞蹈。祭祀乐就包括了演奏、演唱和舞蹈。

根据《钦定大清通礼》和《钦定大清会典》记载，《中和韶乐》包括祭祀乐曲七段：《肇平之章》《兴平之章》《崇平之章》《恬平之章》《淳平之章》《臣平之章》和《和佑之章》。

天坛祭祀时用的中和韶乐，还包括文德舞和武功舞。用文德舞时，舞生执雉羽和古管乐器龠，动作文质彬彬，雍容有仪，却又活泼矫健，富有激情。

舞武功舞时，舞生手执干、戚。传说炎帝时，刑天为表现两军厮杀时激烈的场景，高扬本部将士浴血奋战的斗志，做干戚舞。后人们把刑天舞干戚看作是一种不屈不挠的斗争精神的象征。

文舞和武舞相互陪衬、相互制约，进而取得武而

道教 我国古代的一种宗教，东汉时期张道陵张天师创立。它是我国土生土长的宗教，距今已有1800余年的历史。道教与中华本土文化紧密相连，深深扎根于华夏沃土之中，具有鲜明的民族特色，并对我国文化的各个层面都产生了广泛而深远的影响。

天坛燔柴炉

祭天乐舞

不野、文而不弱的中和效果。在天坛祭天时，初献用武舞，亚献、终献用文舞，以体现祭祀礼仪的庄重。

在历史上，天坛的祭天乐舞生也曾经发生了不少次变化。在明朝时，当时的嘉靖等多位皇帝普遍崇信道教，祭天乐舞生也由道士担任。

到了清朝，由道士担任舞生生习惯开始发生了变化。乾隆七年，皇帝明确下诏严禁神乐观乐官习道教，不愿从业的人削籍为民。诏书下达后，神乐观中的道士尽遭驱逐。

从此，神乐观没有了道士，旋即被更名为神乐所，相应的职官即由知观改为知所，祭祀乐舞生也改而选用年少俊秀的八旗子弟充任，由朝廷派协律郎对祭天乐舞生进行培训。

乾隆十九年也就是1754年，神乐所又改神乐署。鼎盛时期，署内有乐舞生3000多人。

诏书 皇帝布告天下臣民的文书。在周代，君臣上下都可以用诏字。秦王政统一六国，建立君主制的国家后，号称皇帝，并改命为制，令为诏，从此诏书便成为皇帝布告臣民的专用文书。汉代承秦制，唐宋时期废止不用，元代又恢复使用。

紫禁城 我国明清两代共24个皇帝的皇宫。明朝第三位皇帝朱棣在登上帝位后，决定迁都北京，因此他就开始营造紫禁城宫殿，到1420年始落成。依照我国古代星象学说，紫微垣即北极星位于中天，乃天帝所居，天人对应，因此皇帝的居所又称紫禁城。

祭天大典非常神圣，非常隆重，可谓朝野关注，这就要求祭祀过程不能出一点差错。因此，祭祀活动的每一个细节都有明确的规定。

每当祭日来临之前，必须进行大量的准备工作，不管耗费多少人力物力，亦在所不惜。常规的准备包括对天坛内各种建筑及其设施，进行全面的大修葺，修整从紫禁城至天坛皇帝祭天经过的各条街道等。

大典的前5日，要派亲王专门到牺牲所，察看为祭天时屠宰而准备的牲畜。大典前3日，皇帝开始斋戒。前两日，书写好祝版上的祝文。

大典前一日宰好牲畜，制作好祭品，整理神库祭器；皇帝阅祝版，到皇穹宇上香，到圜丘坛看神位，去神库视边豆，到神厨视牲，然后回到斋宫斋戒。

专门用于祭天的圜丘坛

大典前夜，由太常寺卿率部下，安排好神牌位、供器、祭品，乐部就绪乐队陈设，最后由礼部侍郎进行全面检查。

天坛的圜丘坛专门用于祭天，台上不建房屋，对空而祭，称为露祭。祭天陈设讲究，祭品丰富，规矩严明。

在圜丘坛共设七组神位，每组神位都用天青缎子搭成临时的神幄。上层圆心石北侧正面设主位皇天上帝神牌位，其神幄呈多边圆锥形。

天坛古香炉

圜丘坛的第二层坛面的东西两侧为从位日月星辰和云雨风雷牌位，神幄为长方形；神位前摆列着玉、帛以及整牛、整羊、整猪和酒、果、菜肴等大量供品。单是盛放祭品的器皿和所用的各种礼器，就达700多件。

上层圆心石南侧设祝案，皇帝的拜位设于上、中两层平台的正南方。圜丘坛正南台阶下东西两侧，陈设着编磬、编钟、镈钟等16种，60多件乐器组成的中和韶乐，排列整齐，肃穆壮观。

时辰一到，斋宫鸣太和钟，皇帝起驾至圜丘坛，钟声止，鼓乐声起，大典正式开始。

此时，圜丘坛东南燔牛犊，西南悬天灯，烟云缥缈，烛影摇红，给人一种非常神秘的感觉。

祭天大典，是封建皇帝展现“君权神授”思想，

八旗子弟 清代满族的军队组织和户口编制制度，以旗为号，分正黄、正白、正红、正蓝、镶黄、镶白、镶红、镶蓝八旗。后又增建蒙古八旗和汉军八旗。八旗人的后代称八旗子弟，后多借指倚仗祖上有功于国而自己游手好闲的纨绔流氓子弟。

显示“天子”神圣权威所玩弄的一种把戏。为了达到其宣扬神权以维护皇权的目的，举行大典时要求所有从事人员不得有任何差错，否则要予以严惩。

在《大清律》中明文规定：每逢祭祀，于陈祭器之后，即令御史会同太常寺官遍行巡查，凡陪祀执事各官，如有在坛庙内涕唾、咳嗽、谈笑、喧哗者，无论宗室、觉罗、大臣、官员，即指名题参。因此，凡随祭人员无一不是诚惶诚恐，胆战心惊的。

阅读链接

据说，历史上曾经发生过多次官员因祭天被罚的事。乾隆四十七年四月初六，乾隆到天坛圜丘坛，举行常雩礼求甘雨。

在此次仪式上，乾隆对雩坛祝版上的文字写得不够工整而不满，对具服台更衣幄次所设的坐褥不够整齐而不满，对按规定应悬挂三盏天灯而少悬了一盏而不满。对此三件小事，乾隆大发雷霆，下令查办。

结果，当时的工部尚书罗源汉、右侍郎诺穆亲、礼部尚书德保、侍郎德明等人，均被革职。尤其工部侍郎徐绩受处分最重，革职后被发配新疆。同时，许多有关官员也被“查明革职，发往伊犁效力赎罪”。

一次祭祀大典，就有多位高级官员获罪，几十名相关人员被革职，可见当时祭祀大典的戒律是何等的严厉。

正德皇帝与望儿台的传说

在天坛的南边，靠西南的地方曾经有一座望台，名叫望儿台。说起这个台子的由来，还有一个有趣的传说呢！

相传明朝的正德皇帝原来有个儿子，他和娘娘都很宠爱他，真是“用手捧着怕摔了，含在嘴里怕化了”。可是，俗话说“黄鼠狼专咬病鸭子”，这小儿子3岁时，偏偏得了一场怪病，夭折了。

天坛七星石

皇穹宇背面照

这下宫里可乱套了，皇帝的宝座由谁来继承呀！按规矩，皇帝的位子该传给太子，可是现在……皇帝着急，娘娘更是着急啊！儿子没了等于皇太后的位子也就没了。娘娘悲痛万分，饭也吃不下去，茶也不想饮，终日呆呆地想着儿子。

这天早上，娘娘是头也不梳，脸也不洗，站在宫门外，东看看，西望望。众人都以为她中了魔啦，没人敢上前劝阻。

突然，娘娘大笑，笑得是前仰后合，忽然，又转喜为悲，泪流满面，双手伸向天空，喃喃自语道："孩子，你在哪儿？你在哪儿啊？你是天上的神童啊！你不会是回到天上去了吧？找你那玉皇爷爷去了？回来吧……孩子！娘想你呀……"

就这样哭一阵笑一阵，众人都说："娘娘疯

后宫 我国古代社会的一个词语，原意为帝王的妃嫔居住的地方，通常指代生活在后宫的女性。古人常用"后宫佳丽三千"来形容古代皇帝嫔妃之众。后宫一般禁止君主以外的男性进入，职务多由宫女担任。

了。”这一消息，传到正德皇帝那里，皇帝立即退朝来到后宫。正德皇帝见娘娘这般模样，很是生气，心想，如此这般皇家的颜面何在？于是就命人扶她回宫。

可是这会儿，就是九头骡子也别想拉动娘娘，她说儿子没有死，是到天上拜见玉皇爷爷去了。

这时，有个大臣出来献殷勤，说：“娘娘说得有理，太子乃是天子，若是在南郊的天坛设一望台，让娘娘站在望台上，准会看见太子。”众大臣随声附和，纷纷求情，皇帝这才答应了。

到了晚上等七颗北斗星出齐的时候，众人护驾，前呼后拥着把娘娘送到了天坛。就在天坛的南边，靠西南的地方设了一座望台。

娘娘登上望台，瞪大了眼睛向西望去，她没有

皇太后 我国古代皇帝母亲的尊号，又称太后、太皇太后。自西汉起，历代沿称。《汉书》记载：“汉兴，因秦之称号，帝母称皇太后，祖母称太皇太后。”

太子 我国古代已确定继承帝位或王位的帝王的儿子称为太子。太子一向为嫡长子，但例外甚多。秦以后因君主称皇帝，又称皇太子。

天坛公园斋宫

微服 改变常服以避人耳目。通常指帝王或高官为隐蔽身份而改穿的平民便服。如"微服私访"，我国帝王自古就有"微服私访"的传统。《韩非子》中就有记载说，齐桓公微服以巡民家。《孟子》也有记载说，孔子不悦于鲁卫，遭宋桓司马将要而杀之，微服而过宋。

哭，也没有笑，在那儿静静地望着，望着，好像有什么东西把娘娘的眼珠儿吸住了似的。她一动不动，向西望了好久好久。最后，她晕倒在了望儿台上。

回到宫里，娘娘不哭了，也不闹了，也吃饭了，也饮茶了。正德皇帝就问她在望台上看见了什么？

娘娘说："我看见儿子了，就在西边，他又白又胖，还和我说话了呢！"

皇帝问："他说了些什么？"

娘娘不紧不慢地告诉皇帝："儿子说他想家了，让父皇和娘接他去……"

正德皇帝挺纳闷儿，要是相信娘娘的话吧，没听说过有这样的事儿，不信吧，这事儿又像是真的，最起码娘娘病都好了！

过了些日子，皇帝自己也想儿子了，便微服出

天坛皇乾殿

宫，一直往西走，到西边寻访儿子去了。

据说后来的嘉靖皇帝，就是寻访来的。从此以后，人们就把娘娘望儿子的土堆子叫望儿台了。

阅读链接

据说，我国其他地方也有望儿台的传说。河北省东光县砥桥村南的漳卫新河大堤上，就有一座高12米的土台子，上面长满野花杂草，远看像座烽火台，人们叫它望儿台。

传说战国时期砥桥是一座繁华的城镇，有72条街巷，82眼水井，当时叫铁脚镇。镇前有一条鬲津河，是齐国与赵国的交界河。河的南面是齐国，河的北面是赵国。

有一年两国在此交战，结果赵国战败，老将廉颇的儿子廉罡被擒。小将廉罡一向为赵国军民所爱戴，赵国军民万分焦急，但一时又无计可施。

一天齐国要在鬲津河南岸大堤上处决廉罡，廉颇和将士们悲愤至极，却又无法营救，众将士纷纷摘下帽子，盛土筑台，老将军登上土台和儿子廉罡做最后的告别。后人为了纪念廉颇父子，就把那座土台叫做望儿台。

百龙神助保天坛的故事

天坛祈年殿有三层汉白玉栏板环抱，据说最高一层栏板下的喷水兽是100只小龙变的。那么这些小龙是怎么到天坛来的呢？

相传刘伯温修北京时，得罪了龙王，经过几次搏斗，龙王被锁在城

天坛喷水兽

■喷水兽

北的大井里。这龙王拱来拱去拱到了天坛这个地方，躲在了龙凤石下面的那口大井里。

有一天，龙王突然听见外面有动静，心想，这里是皇上祭天的地方，平日没有人烟，怎么有破土动工的声音？打探的回来说，嘉靖皇上要重修祈年殿。龙王一听，肺都气炸了，心想这次可不能便宜了你们！

修祈年殿的工程动工了，开始还算顺利，可眼看就要完工的时候，突然出了件怪事情：监工寻查工程，突然发现沿着大殿的周围“咕嘟、咕嘟”地直冒水泡，监工弄不清是怎么回事，干看着，直发愣。这水泡冒着冒着就不冒了，到晚上冒出的水就干了。

可第二天早上一看，又和前一天一样，水还是冒个没完。监工可急坏了，总这么冒下去，工程完不了且不说，说不定哪天来个水注长堤，把祈年殿陷到地里去，这可怎么向皇帝交代呀！

监工吃不下，睡不着，这水呢，还是冒，整整冒

刘伯温（1311—1375），名刘基，字伯温，谥称文成，浙江青田，即今文成县人。元末明初军事家、政治家及诗人，通经史、晓天文、精兵法。他辅佐朱元璋完成帝业、开创明朝并尽力保持国家的安定，因而被后人比作为诸葛武侯。

天坛内的亭榭

了七七四十九天，还越冒越凶了。眼看着工程期限就要到了，监工能不着急吗？

这天下工了，唯有监工坐在坛上的石头上抽闷烟，天很快黑下来了，就听得坛下“哗哗”作响，他打起精神壮着胆子寻声而去，发现了一个井眼。

井台上还有根大铁链子，他摸摸铁链试着提起，只听见铁链“哗啦哗啦”地响，这夜深人静，只有他独自在坛上能不害怕吗？

这监工还真行，他抓住铁链使劲往上拉，这铁链子被他拉了很长，可就是拉不完，他把耳朵贴近井口，冷气迎面扑来，只听里面“嗡嗡”作响，好像是大水“哗哗”涌了过来，一下子就能把坛冲平似的。

监工再也绷不住劲了，他“啊”地大叫一声，手一松，铁链“哗哗啦啦”地掉进井里，他拔腿就跑，只听后面传来说话的声音：“喂！你跑什么？我是龙王，我有100个儿孙，都想做官，你告诉皇上，如不

臣子 我国古代的人称用语，有多种含义：一指我国君主时代的官吏，有时亦包括百姓：臣僚、臣子、臣服、君臣等；二指官吏对君主的自称：“王必无人，臣愿奉璧往使。”三指古人谦称自己；四指我国古代男性奴隶，如臣仆、臣虏等。在现代汉语中，已不再使用。

给官做，你们休想修建天坛！”

话音刚落，鸡叫头遍，天就亮了。监工毛骨悚然。这天早上，又到上工时间了，只见祈年殿最高一层的栏板上趴着许多条小龙，密密麻麻的，胆大的人数了数，整整100条。

眼看着祈年殿修不成了，管工的明白，这是老龙王给儿孙们闹官做呢！于是写了个奏折，火速禀报给了皇上。

皇上看了奏折想：我还从来没见过真龙显像要做官的事呢，我倒要会一会它。于是，他吩咐道：“就让龙王的儿孙都做我的臣子吧！”

一言既出，驷马难追。老龙王的心愿就要实现了。可是这老龙王吃亏吃怕了，倒来了拗劲。本来龙是离不开水的，可这老龙非让他的儿孙们趴在太阳底下等皇上的圣旨，圣旨不来就一直等下去。

这些龙子们说：“父亲啊，我们不要做官了，晒

龙王 我国神话传说中在水里统领水族的王，他掌管着兴云降雨。龙是我国古代神话的四灵之一。龙在我国的历史传统与文化中扮演了十分重要的角色。龙的起源来自伏羲氏，距神话传说伏羲与女娲都是人首蛇身，而蛇就是龙的原型。但是实际上龙只是一种图腾，是虚构的生物，是我们华夏民族所信奉崇拜的标志。

雪后的祈年殿

造型奇特的兽头

得太难受了，我们回去吧，还是龙宫里舒服！”

龙孙们说：“爷爷啊，谢谢您的好意，我们连肠子都晒透了，官也做不成了，我们回去吧！”

儿孙们恳求着。老龙王也心疼啊！可是他想，这次再也不能轻信他们，非斗出个高低不可！太阳高照，烈日炎炎，晒得地面都裂口子了，这龙子龙孙们都快晒蔫了，东倒西歪地直哼哼。

就在这时，一个太监飞马而来，拿着皇上手谕，高呼：“圣旨到！”

这一喊，小龙们都精神了，浑身使劲一挺，可用力太大，浑身上下都僵硬了，慢慢地竟变成石头了。

据说，天坛祈年殿大殿的栏板下的100只喷水兽就是这么来的。

阅读链接

据说，老龙王一见他的儿孙们都变成石头，心中也非常懊悔，但也很无奈，只好安慰道：“儿孙们哪，咱不是当官的命啊！你们再也变不回来了，那就忠心保佑天坛吧！”

说完老龙王就化作一阵清风而去，留下了他的100个儿孙保佑天坛。又说后来光绪年间，祈年殿大火就是这100条小龙喷水吐雾才把大火扑灭的。

神童相助修缮圜丘坛

天坛的圜丘坛是历代皇帝冬至祭天的地方，又叫拜天台。人们走在台上，如果用心观察，就会发现台面、台阶和栏杆所用的石块都是9的倍数，对此，人们都感到非常惊奇！

可是你哪里知道，当初在建造它时，要不是南宋数学家秦九韶派神童前来相助，不知有多少人会因此送掉性命啊！

天坛圜丘坛

天数 我国古代把数分为地数、天数，以象征阴、阳两种不同性质的事物。《易·系辞上》以一、三、五、七、九五个奇数为“天数”，象征阳性，反映事物刚健的性质；以二、四、六、八、十五个偶数为“地数”，象征阴性事物，反映事物柔顺的性质。

据说，乾隆年间皇上嫌圜丘坛面积狭小，认为这和大清广袤的国土很不相称，于是就下旨要扩建、重修圜丘坛。

工匠长负责这一工程，画出了图样。皇上一看，还不错，圆圆的台面，汉白玉栏杆很有肃穆庄重之感。

这时候，有个爱拍马屁的大臣走出来说道：“启禀皇上：古有天数之说，天为阳地为阴，奇数为阳，偶数为阴，不知砌筑石料用阳数还是用阴数啊？”

这一席话，把皇上问住了，把工匠长也问傻了。

皇上想了想说：“对，要阳数！从台面到台阶，一律用阳数！”

这个大臣还不忘补充一句：“九！九为最佳！”

这下可急坏了工匠长，他来到圜丘台上，怎么也计算不出来。这天，皇上传他，询问工程情况，他战

圜丘坛鸟瞰图

天坛圜丘坛

战兢兢地说：“还没算出来，请皇上再容3日。”

这时，上次出馊主意的大臣又说：“据说圜丘坛已毁，用料也备齐，民工们整日无事可做，坐吃白饭且不说，若是耽误了皇上祭天……”

话没说完，皇上火冒三丈，一声喝令：“斩！”这“斩”字一出，上千人的性命就危在旦夕了。工匠长一个劲儿地磕头说好话，保证3日之内开工。

到了第三天晚上，工地上来了一个小乞丐。大家告诉他：“我们还泥菩萨过河——自身难保呢，给你点吃的，快走吧！”

可这小孩儿，硬说他力气大，能干活，不想走，想留下来干活，大伙说：这儿的活干不成了。小孩儿说：“干不成了，你们怎么不走啊？你们不走，我就要留下来混口饭吃。”

大伙儿拿他没办法，只好把他带到工匠长那里。

祭天 我国古代的一种祭祀活动，在明清两朝，冬至的祭天活动被列为朝廷三大节日之一。“祭祀之道，自生民以来，则有之矣。”祭祀是先民最早的文化活动之一，且历代相传不废。到明朝时期，洪武皇帝朱元璋对祭天尤为重视，早在1367年尚未立国称帝时，就建圜丘于南京钟山之阳。

焚香 我国焚香习俗起源很早，古人为了驱逐蚊虫，去除生活环境中的浊气，便将一些带有特殊气味的植物放在火焰中烟熏火燎，这就是最初的焚香。在古代有原始崇拜与巫术等崇神信奉，认为一切都是神的恩赐，对神极度敬仰和崇拜。久而久之焚香就被神化了，随后焚香变得既庄严又神圣。

工匠长正一个人坐在屋里喝闷酒，他呀，也是山穷水尽没辙了。他见大伙儿带个小孩儿来，破衣烂衫的，还流鼻涕呢，也怪可怜的，就拿出好吃好喝款的待他，他问孩子："叫啥名字？家住何方啊？"

这孩子只管低头吃喝，一言不发，给多少吃多少，吃的倍儿香。等吃完了喝完了，撕下一块破袖头儿抹抹嘴，擦完嘴把破袖头往地下一扔，"噌！"一声，一溜烟儿没影了。

工匠长觉得奇怪，低头一看，这破布角上有个"秦"字，再铺平细看，分明是一张祭台的图样啊！工匠长如获至宝，一把抓起，他算呀，数呀，怎么看怎么对。这坛面一层是9块扇面形石块，二层是18块石块……以此类推，第九层整好81块。

这台阶也是9的倍数，这栏板还是9的倍数，整整360块，正和历法中的一周天360度的数目相同。高

天坛内的凉亭

圜丘坛外围

啊！实在是高！这小孩儿是谁呢？

他突然想起了破袖头上的“秦”字，他明白了，原是数学家秦九韶大师派神童前来帮助自己了，工匠长喜笑颜开，连夜画出“九九图”程报了皇上，第二天皇上焚香礼拜，圜丘终于开工了。

阅读链接

圜丘坛在明朝时为三层蓝色琉璃圆坛，清朝在1749年扩建，并改蓝色琉璃为艾叶青石台面，汉白玉柱、汉白玉栏杆。不仅坛面嵌用的扇面石板数有一定的规矩，就是四周石栏上雕刻花纹的石板数也有规定的数目。

第三层每面栏板18块，由二九组成，四面共72块，由八九组成。第二层每面栏板27块，由三九组成，四面共108，由12个九组成。第一层每面栏板45块，四面共180块，由20个九组成。上中下三层台面的栏板总数为360块，正合历法中一“周天”的360度。

这些石板形状相同，大小一致，既整齐又美观，已有200余年的历史。虽然它经过了不少风雨，整个坛面却依然平整如镜，接缝依然严密无隙，真正体现了我国古代建筑高超的工艺水平。

乾隆爷赐名回音壁

据说在清朝的所有皇帝当中，乾隆是最不甘宫廷寂寞的，他总爱出宫游览。

有一天，乾隆坐在龙椅上实在无聊，便想，这大江南北也转悠得差不多了，还有什么好玩的地方呢？

天坛皇穹宇

天坛回音壁

突然，他想起了天坛，立刻喜上眉梢。是啊，天坛这个地方，一年他才去一次，而且只是冬至祭天时才去，还是在众目睽睽之下，他从未真正自由自在地走过看过呢。

现在正值百草芬芳、万花吐艳的时节，我何不去游览一番！于是他不带文臣武将，只带着九门提督和几名武士直奔天坛而去。

这次，乾隆皇帝哪都转了，哪都看了，玩得别提多开心了，就是没上祈年殿，也没上圜丘坛，因为他走到时就累了。

皇穹宇位于圜丘坛以北，是供奉祭祀神位的场所。它始建于1530年，初名泰神殿，后改称皇穹宇，为重檐圆攒尖顶建筑。1752年重建，改为镏金宝顶单檐蓝瓦圆攒尖顶。有东西配庑各5间。大殿直径约15米，约高19米，由8根金柱和8根檐柱共同支撑起巨大

九门 据史料记载，当年刘伯温修建北京城时，共设了9个城门，就是人们常说的北京“内九城”，即正阳门、崇文门、安定门、宣武门、德胜门、东直门、西直门、朝阳门和阜成门，今天京都九门中虽大多无存，但回忆九门的历史掌故，却别有一番情趣。

乾隆（1711—1799），即清高宗爱新觉罗·弘历的年号，弘历是清朝第六位皇帝，为清世宗雍正皇帝第四子，也是清军入关以来第四位皇帝，在位61年。乾隆皇帝曾亲率领部队上战场，保卫并扩大了大清的疆域领土，还组织人才整理和编辑“四库全书”，期间，生产发展。政绩卓著。

的殿顶，三层天花藻井层层收进，构造精巧。

殿内穹窿圆顶，正中贴金盘龙藻井，贴金双龙天花，金柱贴金缠枝莲，内外施金龙和玺彩画。殿内正中有前圆后翘角的石须弥座，上覆盖蓝瓦金顶，精巧而庄重。

提督连忙说：“那咱就歇会儿吧！”

于是，这几个人就在皇穹宇的西配殿后面的墙根坐了下来。提督赶紧拿来金坐垫儿让皇上舒展一下筋骨，乾隆累得不行了，就面北而坐，提督呢，就面南坐下，给皇上当靠背儿。

乾隆看着这磨砖对缝的围墙，很是惊奇，心想，这围墙修得圆圆正正的，砖面又平又滑，宛如一个直筒形的大缸，妙哉！

正在这时，他突然听见一声鸡叫，吓了一跳，忙

天坛回音壁

问：“这里怎么有鸡呢？”

提督傻头傻脑地说：“什么鸡叫？我怎么没听见呀！”

乾隆直起腰再听听，是呀，周围静静的，哪有什么鸡叫的声音啊！可他把耳朵贴近墙上时，确实又听见了鸡叫。

皇上忙让提督也把耳朵贴在墙上，他立马傻了眼——因为他也清清楚楚地听到了鸡叫。这天坛是皇上祭天的地方，竟然有鸡叫，这还了得！提督忙叫来武士，里里外外地找，但是没有找到。

天坛皇穹宇

乾隆并没有怪罪只是觉得奇怪，这是怎么回事呢？为什么耳朵贴近墙就能听见，离开墙就听不见呢？莫非这墙……？

他又多次试听，发现面向北耳朵贴墙就能听见鸡叫，而面向南，耳朵贴近墙就听不到。他越想越奇怪，这墙是什么墙？这声音又来自何方？

这时，提督已吩咐武士们细细查找，结果，找遍了整个皇穹宇，什么鸡呀、鸭啊……什么都没有！这时候只见一个武士连嚷带叫地向提督跑来，话不成声地说：“蛇……蛇！”

原来，他在东墙根发现一条好几尺长的大长虫。这条长虫别名叫野鸡脖儿，会学鸡叫。这野鸡脖儿正

贴金 一种古老的技艺，是中华民族民间传统工艺的瑰宝，5000多年前新石器时代中的青铜器上就出现了用黄金薄片的贴饰，到了3000多年前的商代，我国贴金技术日臻成熟，且广泛用于皇宫贵族或佛像寺庙的贴饰，以表现其富丽堂皇或尊贵庄重。

在大墙根下，头向北地爬呢！提督一看，吓得直哆嗦，这还了得，要是惊了驾，该当何罪呀！

正说着，乾隆走了过来，这番话，他早就听见了，并未惊慌，他说：“且慢！”于是，他又来到西墙下，面向北耳朵贴在墙壁上。

与此同时，武士们来到东墙下，刀斩大蛇。乾隆突然听到大蛇一声惨叫，真真切切，犹在眼前。

乾隆高兴地说：“妙哉！这墙可传迂回之音。”

他让提督到东墙面北说话，他在西墙也向北贴墙细听，果然听得真真切切。武士们也俯墙而听，都觉得很奇妙。那会儿，虽说还没有电话，可乾隆一行却饱尝了“打电话”的乐趣。

但是，他们是无论如何也想不通其中的道理的。你想呀，讲话人面向北，音波则受东西配殿和正殿的束缚，不能向四外消散，只能把音波全部聚到一起送入人的耳朵，因而距离虽远，声音却很大。

如果你要面向南说话，则音波也贴靠着围墙向前推进，但是，音波

回音壁内侧

天坛三音石

传播到正南面的宫门时，就全由3个门洞传出消散了。因而面向南说话是听不到传声的。

当时乾隆让提督给墙起个名，提督想了想说，叫“传声墙”。

乾隆听后不满，认为它太俗了，说这墙有迂回之音，就叫“回音壁”吧！从此以后，回音壁的名字就流传下来了，并成了天坛一景，名扬海内外。

阅读链接

回音壁的来历还有这样一个说法。据说天坛皇穹宇的围墙，是用磨砖对缝砌成的，墙头覆着蓝色琉璃瓦，围墙的弧度十分规则，墙面极其光滑整齐，因此，它对声波的折射是十分规则的。

只要两个人分别站在东西配殿后，贴墙而立，一个人靠墙向北说话，声波就会沿着墙壁连续折射前进，传到一二百米的另一端，无论说话声音多小，也可以使对方听得清清楚楚，而且声音悠长，堪称奇趣。

这就给人造成一种“天人感应”的神秘气氛。后来，人们称之为“回音壁”。

光绪时雷公怒烧祈年殿

光绪十五年也就是1889年，八月二十四这天，北京上空乌云翻滚，雷声隆隆，冷风阵阵，密密麻麻的雨点子，从天空中倾泻下来。一个接一个的闪电，围着天坛转。

祈年殿城墙

祈年殿模型

忽然一个霹雳，不偏不斜，正打在天坛祈年殿的大匾上，只听“啪”的一声，匾额落地，接着大殿就着起火来了。

当时，雨却被上面的琉璃瓦隔住了，漏不进来，风助火势，火趧风威，不大一会儿，祈年殿就变成一片火海了。

看到这种情况，护坛的兵丁慌忙地鸣锣报警，很快城内的官兵纷纷赶到现场，但这时，火已燎原，无法扑救了，大家只好眼睁睁看着一座辉煌的祈年殿被烧成了一片瓦砾。

当祈年殿着火的时候，慈禧太后正在颐和园内“颐养冲和”。八月二十五，大臣世铎到园中向慈禧太后报告了着火的情形。

慈禧听了，吓得脸色惨白，忙问道：“这祈年殿不是归理部太常寺管理吗？为何失火？又为何让它着

慈禧太后（1835—1908），就是孝钦显皇后，叶赫那拉氏。她出身于满洲镶蓝旗的一个官宦世家，是咸丰帝的妃子、同治帝的生母。她以皇太后身份或垂帘听政或临朝称制，是自1861—1908年大清王朝的实际统治者，为期仅次于清朝康熙帝和乾隆帝，清朝的“无冕女皇”。

■祈年殿和玺彩绘

雷公 又称雷神或雷师，我国古代神话传说中的司雷之神。雷公名始见《楚辞》，因雷为天庭阳气，故称“公”。所传始为兽型，或似鬼，或似猪，而以猴形居多，后状若力士，袒胸露腹，背插双翅，额生三目……击鼓即为轰雷。他能辨人间善恶，代天执法，主持正义。

了一天一夜呀？”

大臣世铎回答：“回禀老佛爷，昨天五城水会和太常寺的官员全部赶去救火了，只是……”

慈禧太后不等世铎说完，又急不可待地问：“难道真是天灾吗？”世铎见慈禧太后惊恐不安，就连忙改口说：“这太常寺也是难辞其咎啊！”

最后，慈禧对世铎说：“你回去传我的旨意，叫皇上和大臣们共同修省，至于哪些人应该治罪，哪些人应该奖励……就由你们决定好了。”

就这样，祈年殿的一场大火，使许多官员受了连累，4个坛户被送进监牢。

那么祈年殿起火到底怎么回事呢？在民间有这样一段传说，从前有一条小青蛇，在西便门外一棵老槐树洞里修炼。

后来，这条小青蛇修炼成了一个俊俏、聪明、善良的少女，经常出来帮助城乡的穷人。谁没有房子住她用手一指，就是一座房子，谁没有地种，她用手一指，在荒沙滩上也能变出一块良田。

她总是穿着绿色衣裙，又会法术，肯救济穷人，大家感激地称她为“绿衣仙子”。

这一天，小青蛇刚走出树洞，在老槐树下梳头，不料竟被站在云端里的雷公看见了，这雷公一瞧，这小女子天姿国色，美貌无双，就起了邪心。

于是，雷公把脸一抹，变成了一个黑脸大汉，落到小青蛇的面前，嬉皮笑脸地说：“美人儿，你待在这里多清苦啊！我是九天应元府的雷神，你跟我上天去享福吧！”说着就伸手去拽小青蛇。

小青蛇又气又急，一甩手狠狠地打了他两个耳光，还骂道：“你这荒淫无耻的黑贼，竟敢找仙姑的麻烦，真是胆大包天！”她一边骂一边往树洞里躲。

九天应元府 雷神所居之府，俗称雷神庙，取自雷神道号“九天应元雷声普化天尊”。按照我国道教的说法，雷神，属火，离位在南方，南属火属电，所以建雷神庙。在早期的民间信仰中，雷神是轩辕帝的化身，自古就为人们所敬畏，他不仅给人们带来雨水，还能惩治人间的邪恶。

祈年殿匾额

夜景中的祈年殿

这雷公冷不防挨了打，恼羞成怒，将手一张，就是一个响雷，朝小青蛇打来。

这小青蛇说声“不好！”，急忙用了一个金蝉脱壳之计，将蛇皮蜕下，自己一溜烟似的逃进了天坛，藏在了祈年殿匾额后面。

但是，小青蛇的金蝉脱壳计没有逃过雷公的眼睛，这雷公也驾起一股乌云随后追来，用手在大匾上一劈，就击落了祈年殿的匾额，打伤了小青蛇的尾巴，痛得小青蛇惨叫一声，一个跟头钻进殿内龙凤石的地底下，她越钻越深，一直钻到海眼里，再也不出来了。

愤怒的雷公为了发泄心中的怒气，也为了赶小青蛇出来，于是就火烧了祈年殿，也就出现了前面提到的那场火灾。

阅读链接

据说，祈年殿的那场大火之后，每逢大雷雨时，祈年殿的龙凤石下面就会发出“呜呜”的响声，起初人们还不明白是怎么回事，还以为又发生了什么冤假错案，是冤魂在显灵呢。

后来人们才明白，那是小青蛇被雷声惊醒后，又在下面伤心地哭泣哪！

副都统嗜睡被困斋宫

清朝初年，百废待兴，文武百官忙不过来，很多事情只能按明朝旧制办，就是到天坛祭天，也不例外。由于礼制不完备以及出于安全的考虑，顺治、康熙、雍正三朝，祭天斋戒都在紫禁城内实行，不曾

天坛斋宫正门

■ 斋宫牌匾

使用过明朝所建的斋宫。

乾隆登基以后，积极恢复明制，皇帝斋戒第三天，就应迁居天坛斋宫。但是由于斋宫戒备森严，百年后的光绪年间，还曾发生过乾清宫侍卫被锁斋宫无法逃出险遭坐以待毙的故事呢！

据说，咸丰皇帝在临终之时，为辅其6岁之子载淳登基，特命载垣、端华、肃顺、额驸景寿等8位大臣为顾命大臣，赞襄一切政务。

慈禧发动“辛酉政变”之时，八大臣被黜，这其中载垣、端华赐自尽，肃顺斩立决，其余4人革职发配。唯独额驸景寿，仅被处以“革职保留公爵之位待迁”的处分，不久果然这额驸又再次被委以高官，就连其次子志钧也被认命为副都统之职，官至三品乾清宫侍卫。

这位副都统，生性懒惰散漫，吊儿郎当，不务正业，当值之时经常懈怠，屡屡出现昏睡贪玩的现象，

都统 按清八旗制度，每旗设固山额真一人，掌有关全旗教养、训练、生产、户口等事务，并各设左右梅勒额真为佐官。1634年，根据汉译法，把固山额真译为都统，把梅勒额真译为副都统。根据清制，各省驻防八旗兵，设立直将军或都统为长官，部分地区还各置副都统一人，亦为该处最高军政长官。

以致朝官多有议论。

有一次，光绪冬至郊祀，祀前斋戒3日，按例于祀前一日迁居天坛斋宫，继续斋戒，时间约于当日下午至第二天即冬至日的清晨。

当时任天坛斋宫侍卫的，就是这位志钧先生。侍卫要在关键位置站班值守，两人一组，两个时辰轮值一回。

按说这个工作并不辛苦，但志钧先生旧习不改，依然如故，一有空就蒙头大睡，夜半本该他值班，他却酣睡不醒，呼之不应，同值的官员又不敢喊醒他，只得任其继续酣睡。

第二天清晨，光绪皇帝起驾出宫，至圜丘坛行礼，斋宫钟楼上，有銮仪卫校卫，登楼鸣“太和钟”送驾，据说该钟声音洪亮，可传十里。皇帝出宫，耗时不短，这动静也算不小了！而值守房近在咫尺，这

乾清宫 故宫内廷正殿，内廷后三宫之一。它面阔9间，进深5间，高20米，重檐庑殿顶。殿的正中有宝座，两头有暖阁。乾清宫始建于1420年，明清两代曾因数次大火被焚毁而重建，现有建筑为1798年所建。

■斋宫皇帝寝宫

宰相 我国古代最高行政长官的通称，是国君之下辅助国君处理政务的最高官职。夏商是巫史，西周春秋是公卿，战国以后是宰相。宰相，也是我国历史上一个泛指的职官称号，宰是主宰，相是辅助之。宰相最早起源于春秋时期。

位酣睡的侍卫竟浑然不知。

直至圜丘祀天大典结束，皇帝出昭亨门就乘龙辇回宫，百官相继回府。礼部太常寺官员，亦将斋宫各处殿堂清整完毕上闩落锁，各自回衙门交差。

可谁也没注意到，值守房内，副都统大人，仍在酣然大睡，直至午后，志钧先生才因饥饿、寒冷慢慢醒来，室内取暖炭盆也早已熄灭。

这位副都统走出室外伸伸懒腰，环顾左右，不见一个人影，抬头一看太阳已偏西了。他想，祭祀典礼应早就结束了，想到这里，他才突然感到自己可能被人遗忘，而被锁在斋宫了，他急忙跑向各个宫门，一看都上锁了。

斋宫南门

这时太阳西斜，这位副都统腹中无食天又寒冷，副都统终于着急了，心想自己又不会缩身术，这可咋办啊？他带着哭腔，靠近宫门大声呼救，可是这天坛太大了，这斋宫周围一里之内，并无人烟呀！

他十分沮丧地喊了大约一个多小时，也没有人应声，嗓子喊哑了，浑身也没劲儿了，只好停了下来，他仔细想了想，皇帝不久还会来行祈谷大典的呀！可他掐指算了算，这才农历十一月，到正月祈谷还有一个多月的时间呀！我无论如何也等不到那一天了呀！

半夜时分，朦胧中的副都统，忽然听见锁钥碰撞的声音，门锁打开了，眼前的一幕让他惊呆了：原来是他的夫人带着太常寺一行人等来救他来了！真是知君莫如妇呀！他竟然像一个孩子一样地哭了。

天坛斋宫正殿

据史料记载，斋宫位于天坛西坛门内，占地约40000多平方米，双重围墙，内墙四周有廊167间，是卫士们避风雨处，正殿为5间无梁殿，是京城著名建筑之一。

顶部用蓝色琉璃瓦覆盖，殿前露台上设有时辰碑亭和斋戒铜人亭，铜人高0.5米，身穿古代文官服，手持一刻有“斋戒”2字的铜牌，相传是仿唐朝宰相魏征而制。正殿后是五间寝宫，为皇帝斋戒的地方。

皇帝来天坛祈谷、祈天前，首先要到斋宫斋戒沐浴。斋宫实际上就是一座小皇宫。按照明清两代帝王的典制规定，皇帝需在祭天的前3日来斋宫斋戒。

1731年，朝廷担心有人暗算雍正皇帝，不敢让皇帝一人在天坛斋宫独宿三昼夜，但祭天又是国家大典，不能擅自废除典制而不祭。

于是想出了一个外斋和内斋相结合的办法，即在

太常寺 我国古代掌管礼乐的最高行政机关。秦时称奉常，公元前151年改称太常。汉以后改称太常寺、太常礼乐官等。太常的主管官员称太常卿。太常卿下属职官与音乐密切相关的为太常博士、协律都尉、太乐署的令、丞等。与礼乐仪制有关的为太常博士、称太乐祭酒等。

斋宫甘泉

皇宫内东路南端另建一座斋宫，即内宫。每逢祭天先在内宫独宿三昼两夜，即“致内斋”，在祭天前一日的子时才来到天坛斋宫“致外斋”。因而实际上皇帝在天坛内的斋宫只停留四五个小时。

走进斋宫，感到这里虽不及紫禁城金碧辉煌，但也幽雅清静。斋宫正殿红墙绿瓦，分外壮观。据说这种绿瓦表示皇帝在此不敢妄自尊大，只可对天称臣。

斋宫正殿是一座无梁柱砖结构拱券建筑，故又称“无梁殿”。屋顶覆盖绿色琉璃瓦，檐下斗拱是琉璃烧制而成，有很好的防火作用。

阅读链接

话说为什么那位副都统的夫人会来救她的丈夫呢?

原来这位副都统夫人十分了解丈夫懒惰贪睡的秉性，那天眼看日头西斜她的丈夫还没有回来，顿觉大事不妙，他想丈夫是不是贪睡被困了呢?

说罢，她便急与家人赶赴太常寺衙门，请回钥匙，就在太常寺官员的陪同下，连夜赶往天坛斋宫。这才上演了一场“开门救夫”的喜剧。

北京地坛

地坛又称方泽坛，坐落于北京安定门外东侧，与天坛遥相对应，与雍和宫、孔庙、国子监隔河相望。地坛是明清两朝祭祀“皇地祇神”的场所，也是我国历史上连续祭祀时间最长的一座地坛。明清两代先后有15位皇帝在此祭地长达381年。

地坛始建于1530年，为北京五坛中的第二大坛，当时称作方泽坛， 1534年改名为地坛。地坛内庄严肃穆、古朴幽雅，是我国最大的祭地之坛。

更定祀典与地坛的由来

祭地文化起源于“万物有灵”的原始思维以及由此产生的自然崇拜。以后被统治者接受并加以改造，融合了儒家“敬天法祖”的思想，形成在特定时间和特定地点祭祀特定神祇的官方祀典。并为历代政权所

地坛正门

地坛内的亭榭

遵从，成为帝制时代最重要的典章制度。

最初的祭祀活动在树林空地中的天然土丘上进行，后来发展为夯土筑台。台是最早出现的建筑形式，当时技术水平所限，只能凭借夯土作建筑手段。

汉代以后，台出现两种变体，一是祭祀自然神的专用建筑物，叫做祭坛；二是建筑物的基础部分，叫做台基。

远古的祭祀活动无确切记载。《周礼》中“夏至日祭地祇于泽中方丘”成为历代地坛规制和祀典的理论基础。

汉武帝时，在汾河汇入黄河处建后土祠。西汉末年又按阴阳方位在都城长安南郊和北郊分建祭祀天地之坛。

自此祭地之坛成为都城必不可少的建筑项目，由于历代对儒家经典解释不同，有时将天和地合在一起

神祇 神指天神，祇指地神，“神祇”泛指神。神祇是宗教观念之一，超自然体中的最高者。一般认为它不具物质躯体，但有其躯体形象；不受自然规律限制，反之却高于自然规律，主宰物质世界。几乎所有的人类社会中，多少都存有这种观念，但又因文化的不同，人们对神的认知千变万化。

地坛内的拱门

祭祀，有时分开祭祀。

1153年建中都城，在通玄门外，就是后来的复兴门外会成门东建北郊方丘，是北京最早的祭地之坛。

现存北京地坛的起源可以追溯到明初。明朝开国皇帝朱元璋建圜丘于钟山之阳、方丘于钟山之阴，实行天地分祀。有一年祭祀前斋戒时遇到下雨，朱元璋感觉敬天地如敬父母，没有分开祭祀之理，于是改为合祀。

朱元璋死后，皇太孙朱允炆继位，年号建文。鉴于北方诸藩王拥兵自重危及朝廷，建文帝决定削藩。

镇守北平的燕王朱棣起兵反抗，发动“靖难之役”，攻入南京，夺取皇位，年号永乐。朱棣就是明成祖，他夺取皇位后改北平为北京，迁都北京。这是明代的重要事件，史称“永乐迁都”。

明成祖营建北京城时，以南京为蓝本，在京城正阳门外建天地坛、紫禁城右侧建社稷坛、天地坛以西建山川坛。

朱允炆 就是明惠帝，明太祖朱元璋的嫡次孙，明朝的第二个皇帝。他因削藩，导致叔父燕王朱棣发动“靖难之役”，从此不知所踪。他在位期间开始对明朝进行改革，史称“建文新政”。

太庙 我国古代皇帝的宗庙。太庙在夏朝时称为“世室”，殷商时称为“重屋”，周称为“明堂”，秦汉时起称为“太庙”。最早太庙只是供奉皇帝先祖的地方。后来皇后和功臣的神位也可以被供奉在太庙。

1421年"正月甲子朔，上以北京郊社、宗庙及宫殿城，是日早躬诣太庙，奉安五庙太皇太后神主。命皇太子诣天地坛奉安昊天上帝、后土皇地祇神主，皇太孙诣社稷奉安太社太稷神主。"昊天上帝和皇地祇神位从此就在北京扎下根来。

1521年，明朝第十代皇帝武宗病死。武宗无子，其堂弟15岁的朱厚熜以藩王继承皇位，为明世宗，年号嘉靖。世宗继位之初围绕如何确定其生父的尊号展开一系列激烈争论，由此引发礼制变革。

早在嘉靖皇帝由藩邸进京的时候，未即位的嘉靖皇帝与朝臣们就迎接的礼仪发生了争执，结果以朝臣的妥协告终，紧接着，嘉靖皇帝的生母兴王妃蒋氏进京，又发生了类似的事情，最后朝臣又做了让步。

这两件事可以说是议礼之争的主要缘由，从嘉靖皇帝主观来讲，他从外藩即皇帝位，对朝廷的旧臣并不十分信任，而且他不希望以过继给孝宗皇帝当养子的身份来入继大统。

因此他要追封自己的亲生父亲为皇帝，这一点对于标榜尊崇孔子礼教的大臣们是无法同意的，众大臣表现得空前团结，反对的奏章压得明世宗喘不过气来。

北京地坛内的建筑

就在世宗准备让步的时候，一个叫张璁的人站了出来，帮了嘉靖皇帝一个忙，他写了一篇文章，为嘉靖皇帝追封自己的父母找了许多理论依据，而且引经据典批驳了群臣的观点，嘉靖皇帝看后深受鼓舞，张璁也得以加官进爵，成为议礼派的首领。

1530年，世宗以天地合祀不合古制为由，集群臣596人议郊祀典礼。有82人主张分祀；84人主张分祀而又以为既成之法不可轻改，时机尚不适宜；26人主张分祀而以山川坛为方丘；206人主张合祀而不以分祀为非；还有198人不置可否。

明世宗“自为说，以示礼部”，将南郊的天地坛改为圜丘专以祭天，在北郊择地另建方泽坛专以祭地，并在东郊建朝日坛、西郊建夕月坛。这是为明代的重要事件，史称“更定祀典”。

1530年5月，四郊祭坛兴工。11月命北郊之坛为地坛，此后方泽坛和地坛两名并存，祝文中称“方泽坛”，公务称“地坛”。1531年，方泽坛建成，后改方泽坛为地坛。

阅读链接

关于大礼义之争，民间还有另一个说法。据史料记载，朱厚熜是兴献王朱佑杬的独子，他小时候非常聪明，对父母也非常孝顺，因此父母对他疼爱有加，总希望他长大后能成大事，担大任。

兴献王朱佑杬望子成龙，就亲自讲授书史。他从其4岁开始就教其学《孝经》《大学》及修身齐家治国之道。

经过多年的熏陶，朱厚熜长大后不仅学识丰富，而且重礼节，孝敬父母。据说在他的父亲兴献王病重时，他多日衣不解带地陪在床前喂汤喂药，直至父亲病终。

1521年，明武宗驾崩，武宗无子，朱厚熜以藩王入继帝位，他就是明世宗。世宗讲礼节重孝道，继位不久便与朝臣在议兴献王尊号的问题上发生了“大礼议之争”。

地坛内回字结构的古建筑

地坛总体布局坐南向北，由回字形两重正方形坛墙环绕，分成内坛和外坛。中轴线略向西北倾斜。

地坛以方泽坛为中心，周围建有皇祇室、斋宫、神库、神厨、宰牲亭、钟楼等。它的面积不大，约有37万平方米，占地仅为天坛的八分之一左右。

方泽坛

举行祭地大典的方泽坛平面为正方形，上层高1.28米，边长20.5米，下层高1.25米，边长35米，乍一看，似乎给人以矮小、简单之感。但是，就在这看似普通的表象下面，却隐含着象征、对比、透视效果、视错觉、夸大尺度、突出光影等一系列建筑艺术手法，隐含着古代建筑师们的匠心构思。

内坛共有7组建筑。古人认为应该在质朴的环境之中祭祀皇地祇，所以地坛内建筑很少，而且造型简朴，没有繁琐的装饰。

方泽坛和皇祇室组两组主要建筑布置在中轴线南部，前面为祭坛，后面为供奉神位之所，是模拟宫殿建筑“前朝后寝”的规制。供皇帝斋戒之用的斋宫布置在西北部。

方泽坛是举行祀典的祭台，狭义的地坛就是指这座祭台。坛四周有方形水渠环绕，名为方泽。方泽西南外侧有石雕的龙头，祭祀时方泽注水，水深至龙口，形成“泽中方丘”。

古人认为祭坛“必受霜露风雨，以达天地之气”，所以祭坛之上不建房屋，也没有内部空间。这是祭坛通例。

坛面铺正方形白色石块，整个坛面由1572块石块铺成。上层正中九分之一处铺较大的石块，纵横各6

五镇 始于《周礼》。五镇各镇一方，独具特色，它们分别是山东临朐的东镇沂山、浙江绍兴的南镇会稽山、山西霍州的中镇霍山、陕西宝鸡的西镇吴山、辽宁北宁的北镇医巫闾山。数千年来，历代帝王都在五镇立祠建庙，封禅祭祀。五镇显赫尊贵的历史地位和以神仙文化为特色的文化底蕴，使之在中华文明史上享有崇高的地位。

地坛内的神道

地坛方泽坛

块，以外分隔为四正四隅8个正方形，每个正方形纵横各8块。上层纵横各24块。

围绕中心四外为8环，最内环36块，每环递增8块，最外环92块。下层纵横各40路，也是8环，最内环100块，最外环156块。

坛立面包砌黄琉璃砖。四面各有8级台阶。下层东西两侧有4个石座。南面两座雕山形花纹，北面两座雕水形花纹，祭祀时以五岳五镇、皇帝陵寝所在的五陵山和四海四渎从祀，是安放从祀神位的四从坛。

方泽坛周围有两重低矮的围墙，称为“壝”。壝也是祭坛的组成部分，古代称祭坛规制为坛壝之制。方泽坛为两重方壝，壝墙黄琉璃瓦顶。

四面正中各有白石筑成的棂星门，北面为正，3门，东西南各1门。围墙之间的东北角有望灯台，灯杆高约35.83米，用以祭祀时悬挂望灯。

前朝后寝 这是我国宫殿自身的布局。宫殿大体上有前后两部分，前堂、后室只有一墙之隔，这就是“前朝后寝”。所谓“前朝”，就是帝王上朝治政、举行大典的地方。所谓“后寝”，就是帝王与后妃们生活居住的地方。“前朝”设有御座，是帝王坐的地方；“后寝”设有床具，乃休憩之所。

■地坛斋宫

皇祇室在中轴线南端。大殿体量不大，北向，面阔五间，单檐歇山顶，覆黄琉璃瓦。内檐彩画为最高等级的和玺彩画，全部以凤为题材，是一种罕见的做法，为清乾隆年间原物。

皇地祇神位平时供奉于皇祇室内，祭祀时移到方泽坛上。围墙之门与方泽坛南棂星门相对，围墙覆黄琉璃瓦。

斋宫东向，面向中轴线。正殿建在单层台基上，面阔七间，单檐歇山顶。前有月台，围以白石栏杆。南北配殿各七间，单檐悬山顶。配殿后各有守卫房七间。东有内宫门，其外环绕高墙一道。整组建筑用绿琉璃瓦。

北京诸坛仅天坛、地坛、先农坛建有斋宫。因为皇帝对皇地祇称臣，所以斋宫必须建在祭坛的下方位置，朝向和色彩必须低于祭坛的规制。

棂星门 文庙中轴线上的牌楼式木质或石质建筑。棂星即灵星，又名天田星。后来人们又将棂星解释为天镇星、文曲星、魁星。古人认为“天镇星主得士之庆，其精下为灵星之神”，以棂星命名孔庙大门，象征着孔子可与天上施行教化、广育英才的天镇星相比，又意味着天下文人学士汇集于此，统一于儒学的门下。

还有4组附属建筑，布置在中轴线以西：神库和宰牲亭在方泽坛以西，钟楼和神马圈在斋宫以北。钟楼内悬挂着嘉靖年间铸造的铜钟，祀典开始时鸣钟。

斋宫为皇帝祭地时斋宿之所。清代顺治、康熙、雍正、乾隆、嘉庆各帝都曾在此斋宿。主体建筑坐西面　斋宫东，由西、南、北3殿组成，始建于1530年，1730年重建。

神库建于1530年，这组小建筑群是由四座五开间的悬山式大殿和两座井亭组成。

正殿叫“神库”，是存放迎送神位用的凤亭、龙亭和遇皇祇室修缮时，临时供奉各神位的地方。东配殿叫祭器库，是存放祭祀所用皿用具的库房。西配殿叫神厨，是制作祭祀供品食物的地方。

南殿叫“乐器库”，是存放祭祀所用乐器和乐舞生服的地方。东西井亭专为方泽坛内泽渠注水和为神

单檐歇山顶 我国古代建筑屋顶的样式之一，在规格上庑殿顶。歇山顶共有九条屋脊，即一条正脊，四条垂脊，四条戗脊，因此又叫九脊顶。由于其正脊两端到屋檐处中间折断了一次，分为垂脊和戗脊，好像“歇”了一歇，故名歇山顶。歇山顶分为单檐歇山顶和重檐歇山顶。重檐歇山顶是在基本歇山顶的下方，再加上一层。天安门、故宫的太和门和保和殿为单檐歇山顶。

地坛内的碑刻

子时 我国古代地支计时法的一个时段，就是夜里 11 时至凌晨 1 时，鼠在这时间最活跃，故称子时。我国古人把一天划分为12个时辰，每个时辰相当于现在的两小时。据说古人是根据十二生肖中动物的出没时间来命名各个时辰的。

厨供水。南殿及两井亭于1749年建成。

宰牲亭位于神厨的南侧，建于明永乐年间，是古代皇家祭祀前宰杀祭祀所用牲畜的场所，也称打牲亭。亭内有石槽，门内两侧原有井亭各一座，为洗涤祭品之用。

古时对宰杀祭牲也很讲究，于祭祀前一天子时初刻，在此举行宰牲仪式：宰牲人预先在亭外墙东，挖一个两尺见方、两尺深的坑，也叫“瘗坎”。

太常寺官员摆设香案于亭外，光禄寺大臣穿礼服，在两名太常寺赞礼郎的引导下，到香案前北面三上香后与御史、礼部司官一起视宰。宰牲人用鸾刀割牲；用器皿取祭牲之毛、血，掩埋于墙东之坎内。宰牲仪式遂告结束。

宰牲亭的西侧就是井亭。井亭最大的特点是，

地坛内建筑一角

■地坛内的石牌楼

亭的顶部是敞开的，通天的。井口冲青天，寓意含有天地之气的意思。宰牲亭上边的几根柱子不落地，都落在四个抹角梁上。宰牲亭的接点做法是清代所没有的，它的柱头直接通上去不用垫板，它的木构件特别直爽。

后来的宰牲亭以历史原貌面向世人，殿内青砖墁地，有灶台、漂牲池。里面有皇帝祭天祷告词、供奉牌位、祭器和贡品等，都是地坛极其珍贵的文物。

钟楼始建于1530年，为三开间歇山式绿琉璃顶的重檐正方形建筑，通面阔12米多。因年久失修，于1965年拆除。2000年按原样重建。钟高2.58米，直径1.56米，重2324千克，铭文铸“大明嘉靖年月日制”8个字。钟声宏亮浑厚。

神马殿建于1530年，建筑为五开间悬山式绿琉璃顶。它通面宽19.55米，每间宽度相同，进深7.5米。外有壝墙。1999年进行挑顶大修。

光禄寺 我国古代掌理膳食的官署名。光禄寺原称光禄勋，由汉朝郎中令演变而来，统属宫廷宿卫及侍从等。至魏、晋仅存其名，北齐则易名为光禄寺，职责亦变为掌理皇室膳食。自此各代均保留此制，只在辽代时曾易名为崇禄寺，金代则职属宣徽院。

地坛方泽亭

牌楼也称牌坊，是地坛西门的第一座建筑物。明清两代皇帝到地坛祭地首先经过牌楼，再进坛门，地坛牌楼与颐和园东门外牌楼一样高大雄伟。

明代始建时称“泰折街”牌坊，清代雍正年间重建时改为“广厚街”牌坊。由于自然条件和历史的原因，两个牌楼都没有保存下来，后来的牌楼是根据清代乾隆时所建式样重新建设的。

新建的牌楼高达13.5米，气势高大雄伟，绿色的琉璃瓦面，彩画以“天龙地凤”之说，绘以单凤图和牡丹图案，正面中心有“地坛”两字，背面核心有“广厚街”字样。

集芳囿位于外坛的西北部，占地面积6000平方米，建筑面积1300平方米，是一座封闭式的古典景园。园内有殿室、廊亭、池榭、爬廊、假山等，布局严谨多变。

园内还有近900平方米、高12米的温室，室内除

牌楼 又名牌坊，是我国古代建筑中极为重要的一种类型，其建筑布局细腻，结构紧凑，形式多样，远看巍峨壮观，近看玲珑剔透，首都北京是牌楼最多的城市。随着历史的演变，牌楼已成为我国的一个独特的文化现象，它象征着威严、荣誉、表彰。

了有数百种名花异草外，还有假山叠水和溪流。它就好像是景色优美和四季如春的幽静仙境。

牡丹园是占地面积最大，植物品种最丰富，亭、廊、水榭、花架等园林小品最精致的园中园。园内通过整合的手法，遵循园林布局，采用形态生动、布置形式灵活的自然山石与灌木相结合的形式处理驳岸，与水榭保持景观风格的统一，充分体现了我国古典园林师遵循自然的造园思想。

在我国古代，天圆地方的观念源远流长。因此，作为祭祀地祇场所的地坛建筑，最突出的一点，就是以象征大地的正方形为几何母题而重复运用。从地坛平面的构成到墙圈、拜台的建造，一系列大小不同的正方形反复出现，与天坛以象征苍天的圆形为母题而不断重复的情形构成了鲜明对照。

这些重复的正方形，不仅具有强烈的象征意义，而且还创造出了构图上平稳、协调、安定的建筑形

天圆地方 我国阴阳学说的一种体现，我国传统文化博大精深，阴阳学说乃其核心和精髓。我国古代的建筑多体现这一思想。古人把茫茫宇宙称为“天”，把人们赖以生存的田土称为“地”，由于日月等天体都是在周而复始、永无休止地运动的，好似一个闭合的圆周无始无终；而大地却静悄悄地在那里承载着我们，恰如一个方形的物体静止稳定，“天圆地方”的概念便由此产生。

地坛钟楼

阴数 古人认为，奇数是阳数，偶数是阴数。我国古代哲学认为宇宙中所有的物质是阴阳的对立和统一，当然，数也不例外。《易经》中有“参天两地而倚数”，晋代韩康伯说，三是奇数，二是偶数，七和九是阳数，六和八是阴数。

象，而这又与大地平实的本色十分一致。

按照古代天阳地阴的说法，方泽坛坛面的石块均为阴数，即双数：中心是36块较大的方石，纵横各6块；围绕着中心点，上台砌有8圈石块，最内者36块，最外者92块，每圈递增8块；下台同样砌有8圈石块，最内者200块，最外者156块，亦是每圈递增8块；上层共有548个石块，下层共有1024块，两层平台用8级台阶相连。凡此种种，皆是“地方”学说的象征。

方泽坛建筑艺术的又一突出成就体现在空间节奏的完美处理上。它方形平面向心式的重复构图，使位于中心的那座体量不高不低的方形祭台显得异常雄伟，这种非凡的气魄，主要来源于两个方面：

首先是最大限度地去掉周围建筑物上一切多余的

地坛“回”字建筑模型

地坛内的石桥

部分，使其尽可能地以最简单、最精练的形式出现，从而形成了一个高度净化的环境。

其次则是巧妙的空间结构处理手法：两层坛墙被有意垒砌成不同的高度，外层墙封顶下为1.7米，内墙则只有0.9米，外层比内层高出了将近一倍；外门高2.9米，内门高2.5米。

两层平台的高度虽然相近，但台阶的高度却不同，上层台宽3.2米，下层台宽3.8米。这种加大远景、缩小近景的手法，大大加强了透视深远的效果。

更重要的是，这样的安排还营造了祭拜者的一种特殊心理节奏。当人沿着神道向祭坛走去时，越向前走，建筑就越是矮小，而祭拜者本人就越是显得高大。当人最终登上祭坛时，自然会有一种凌空抚云和俯瞰尘世之感了。

除了视觉上促使人产生节奏感之外，还十分重视人的触觉，特别是脚的感觉。我国建筑历来重视地面

意境 我国古典美学独特的范畴，它是我国古代思想家提炼出来的，同时也是我国历代艺术家有意识去追求的。我国园林艺术在审美上的最大特点就是有意境。我国古典园林中的建筑物，如楼、台、亭、阁等，它们的审美价值主要不在于这些建筑物本身，而在于它们可以引导人们从小空间进入大空间，丰富人们对于空间美的感受。

的铺作和道路、台阶的距离远近曲直，目的就是要创造出一种特定的意境或气氛。

方泽坛的空间和距离，从一门到二门，二门到台阶前都是32步左右，两层平台都是8级台阶，上二层平台又是32步左右。这样，人在行进间进行持续时间相同的重复，自然而然地就会使脚的触觉转化成心理上的节奏，舒畅的平步青云之感便会油然而生。

如果说帝王祭天是为了表现自己是天之子并受命于天的话，那么，他们在祭地时，体现的则是自己君临大地和统治万民的法统。

因此，天坛建筑以突出天的至高无上为主，祭天者被放到了从属地位，而地坛建筑则不然。

地坛虽然也要表现大地的平旷与辽阔，但更要突出作为大地主人的君王的威严，要唤起帝王统治万民的神圣感和自豪感。所以，营建地坛的古代建筑师们才煞费苦心地做了这样构思与设计。

阅读链接

地坛建筑在色彩运用方面也颇具匠心。方泽坛只用了黄、红、灰、白4种颜色，便完成了象征、对比、过渡，形成了协调艺术整体、创造气氛的作用。祭台侧面贴黄色琉璃面砖，既标明其皇家建筑规格，又是地祇的象征，在我国古代建筑中，除了九龙壁之外，很少见到这种做法。

在黄瓦与红墙之间以灰色起过渡作用，又是我国古代宫廷建筑常见的手法。整个建筑以白色为主并伴以强烈的红白对比，给人以深刻的印象。

红墙庄重、热烈，汉白玉高雅、洁净；红色强调粗重有力，白色如轻纱白云，富有变幻丰富的光影和宜人的质感；红色在视觉上近在眼前，象征尘世，而白色则有透视深远的效果，远方苍松翠柏的映衬，又使祭坛的轮廓十分鲜明，更增添了它神秘、神圣的色彩。

皇祇室独特的建筑彩画

清初沿袭明朝地坛旧制，地坛以及其中各建筑的名称也未改。1749年，地坛因年久失修损毁严重，清政府为此进行了大规模的修缮和改建。

地坛建筑

龙凤和玺彩绘

乾隆认为皇祇室绿瓦和方泽坛黄琉璃面砖“于义无取”，于是依据《周礼》和《考工记》等经典，将皇祇室以及方泽坛围墙绿琉璃瓦顶改为黄瓦、方泽坛黄琉璃面砖改为白色石块。

这次改建十分成功，使两座主体建筑的礼制意义更加明确。改建工程至1752年竣工。

1873年同治帝亲政重修了皇祇室，这是我国封建帝制时代对地坛的最后一次修缮。这座大殿的一个特点是内檐彩画采用了“双凤和玺”式样。

彩画是我国特有的一种建筑装饰艺术，具有悠久的历史。据史籍考证和考古实物证明，早在春秋至战国时期，就在建筑物的檩、枋、梁、柱等部位进行了彩画装饰。大量出土的汉代陶楼建筑的梁、柱、枋上更是都有彩绘装饰。

龙草和玺彩画

和玺彩画的一种，其级别低于龙凤和玺，主要由龙和大草构图组成。枋心、藻头、盒子等部位由龙和大草交替构图，底色以红、绿两色互相调换，多用于宫殿和喇嘛教建筑。大草图案配以吉祥草，简称“轱辘草”。

明清之际，建筑彩画已趋规范，特别是清式彩画的制度性更加明显，各种彩画在构图、用色、用金和退晕层次上都有具体的规定，许多彩画已经形成了共有的特点，归纳起来可以分为“和玺”、“旋子”和“苏式”三大类，另外还有一些杂式的类型。

和玺彩画是彩画等级最高的一种，是清代官式建筑主要的彩画类型，有的称为“合细彩画”。它仅用在宫殿、寝宫、离宫、皇家坛庙的主殿、堂门和少量的牌楼建筑中。

和玺彩画是在明代晚期官式旋子彩画日趋完善的基础上，为适应皇权需要而产生的新的彩画类型。画面中象征皇权的龙凤纹样占据主导地位，构图严谨，图案复杂，大面积使用沥粉贴金，花纹绚丽。

和玺彩画构图时，在梁、枋各部位都用曲折线分成段，其他主要线条一律沥粉贴金，金线一侧衬白粉线或者同时加晕。各个构图部位内的花纹也沥粉贴金，并且用青、绿、红等底色来衬托金色图案，整体画面非常华贵。

金琢墨和玺 和玺彩画的一种，但在要求上比一般和玺精细。它的轮廓线、花纹线、龙鳞等均沥单粉贴金，内作五彩色攒退。它采用贯套箍头或锦上添花，西番莲、汉瓦加草等，攒小色以不顺色为原则，如青配香色，绿配紫等五色调换。盒子、藻头和枋心的配色与箍头配色相同。

双凤和玺彩绘

■ 苏式彩画 我国古代建筑彩画的一种类型，源于江南苏杭地区民间传统做法，俗称“苏州片”。一般用于园林中的小型建筑，如亭、台、廊、榭以及四合院住宅、垂花门的额枋上。紫禁城内苏式彩画多用于花园、内廷等处，大都为乾隆、同治或光绪时期的作品。

根据各个部位所画的内容不同，和玺彩画的做法又分为金琢墨和玺、金龙和玺、龙凤和玺、龙草和玺、金凤和玺和草凤和玺等。

旋子彩画仅次于和玺彩画，它有明显、系统的等级划分，既可以做很素雅，也可以做非常华贵。它的应用范围很广，一般官衙、庙宇的主殿，坛庙的配殿以及牌楼等建筑物都用这种彩画。

旋子彩画的主要特点是：找头之内使用带旋涡状的几何图形，叫做旋子或旋花，各层花瓣从外到内分别称“一路瓣”、“二路瓣”、“三路瓣”和“旋眼”，或称旋花心。旋子以“一整两破”为基础，以找头的长短作为增加或减少旋花瓣的处理依据。

苏式彩画由图案和绘画两部分组成，是另一种风格与形式的彩画，主要用于园林和住宅。各种图案和画题相互交错，从而形成了多变的画面。

在图案中一般画上各种回纹、万字、夔纹、汉瓦、连珠、卡子、锦纹等。绘画包括各种人物故事、山水、花鸟、鱼虫等，另外还有一些装饰画，比如折枝黑叶花、异兽、流云、博古、竹叶、梅花等。画题多含寓意，喻示美好和吉祥。

北京地坛皇祇室的内檐彩画采用了金凤和玺的做法。这种彩画样式在北京区的宫殿、坛庙之中仅此一例。这些彩画的题材以“凤”为主要形象，所有的枋心彩绘图案都是双凤，没有龙和龙凤图案，这在我国现存的官式建筑物中是非常少见的。

在土地祭祀文化中，关于祭祀的场所、祭祀的礼器、祭祀的仪仗、礼仪、禁忌等，历朝历代都有严格规定。北京地坛是明、清朝廷进行最高规格的祭祀地祇神的专用场所，它的营建必须合乎“礼”。

为了合乎这个“礼”，古代工匠们在营建地坛的

夔纹 青铜器上的装饰纹样之一。该图案表现传说中一种近似龙的动物——夔，主要形态近似蛇，多为一角、一足、口张开、尾上卷。有的夔纹已发展为几何图形。常施于簋、卣、觚、彝和尊等器皿的足、口的边上和腰部做装饰。盛行于商和西周前期。

■旋子彩绘

过程中，从选址到规划，从整体布局到局部操作采用的特殊建筑语言中，无不直接或间接地体现了两种观念和信仰，一是对承载、滋养普天之下万物生灵的大地的尊崇、敬畏和虔诚，二是象征国家社稷为天之所授的观念。

不必说地坛整体规划一律采用“制方”的设计，也不必说唯独地坛建筑“坐南朝北”，更不必说各组建筑的长度都是“偶数为基”，单单是所有建筑枋心的彩绘图案都是“双凤”，而无双龙和龙凤图案，这在我国官式建筑中就极为罕见，从而被称为“北京一绝”。

皇祇室内檐彩画的题材以凤为主要形象，表明它的象外之意代表了八卦中的坤象，表示的是“后土”和“地示”神祇等内涵。这种特殊的图案体现了与地坛这组建筑在形象和使用功能上的一致性。北京地坛皇祇室内檐彩画以其独特的立意、构图和具体描绘手法，在我国古代建筑史上增添了一朵瑰丽的小花。

阅读链接

皇祇室内檐彩画与清代晚期的“和玺彩画”相比较，具有以下几点值得我们认真品鉴。

首先，在彩绘构图中，枋心部分的长度占全间的长度比例略小于三分之一。其次，在彩绘图案中，箍头、规线光、皮条线、枋心头等斜线的处理上，不是采用直斜线，而是调整为稍稍弯曲的弧线，并且这些线旁边只饰用了大粉，没饰晕色。

第三，柱头的彩绘方法不是像清代晚期彩画那样处理，而是在青地内直接绘以沥粉贴金西番莲，而所描绘的西番莲构图，在细部的处理上颇具明代西番莲的风格。

最后，在横向大木上的盆子，找头和枋心内所绘制的大量“凤”形图案，风格古朴，构图简练，优美多姿，而且所有“凤”的空白之处，都以比较大片的祥云作衬绘，其云层的形状和勾绘都非常讲究。

北京日坛

日坛又名朝日坛，位于北京朝阳门外东南方向，与东岳庙南北相望。日坛是明清两朝帝王祭祀大明之神太阳的地方。

那时，每年春分日出寅时行祭礼，文武百官浩浩荡荡相随而至，都来此祭拜太阳之神，场面壮观，因此日坛又叫太阳神殿。

日坛始建于1530年，主体建筑是祭坛，四周环绕着矮墙。祭坛为方形，西向，白石砌成，坛面明代为红琉璃，以象征太阳，清代改为方砖墁砌。日坛还体现了我国古老的祭祀文化，为著名的北京五坛之一。

日坛内古朴典雅的建筑

1530年，明世宗更定祀典，除了将南郊的天地坛改为圜丘专以祭天，还在东郊建“朝日坛”专门祭日，朝日坛就是日坛，这就是日坛的来历。

日坛内的亭榭

日坛内的石坊

那么，为什么要祭祀太阳呢？这就涉及自古以来人类对太阳的崇拜了。

太阳崇拜具有普遍意义，世界上大部分民族都有过日神信仰的历史。我国就是太阳崇拜的五大发源地之一。人类所塑造出的最早的神是太阳神，最早的崇拜形式是太阳崇拜。

太阳神话是一切神话的核心，一切神话都是由太阳神话派生出来的。太阳从仅仅是个发光的天体变成了世界的创造者、保护者、统治者和奖赏者，这实际上是把太阳变成了一个神，一个至高无上的神。

在世界上，凡是太阳照耀的地方，均有太阳崇拜的存在，宗教认为一切神话均源于太阳，很多民族的原始信仰无不与太阳或者火有着千丝万缕的联系。

太阳崇拜是以天体为对象的自然崇拜中的一种。在人类未形成之前，太阳便已存在了。人类诞生以后，太阳作为一种自然物体与人类朝夕相处。

但在人类社会的早期，即原始采集、狩猎时代，尚没有发生太阳

日坛内传统建筑门楼

《山海经》 我国先秦古籍。一般认为它主要记述的是古代神话、地理、物产、巫术、宗教、古史、医药、民俗、民族等方面的内容。《山海经》全书18卷，其中《山经》所记载的大部分是历代巫师、方士和祠官的探勘记录，具有较高的参考价值。《山海经》最早的版本是经西汉刘向、刘歆父子校勘而成的。

崇拜，因为尽管太阳对人的影响较为显著，但毕竟未对人的生活和生命安全产生直接影响。

进入新石器时代以后，即人类能够进行生产以后，太阳对人才有了直接的利害关系，人们才感觉到自己的劳动受到太阳的影响，从而促使人们对太阳产生了较多思考。原始人不理解太阳奥秘，以为太阳具有能使万物复苏和生长的超自然力量，甚至视其为丰产的主要赐予者。

原始人还认为，太阳也像人一样，有灵魂，有喜怒哀乐，这样人们便认为太阳也是有“灵”的。后来，人们又逐渐把太阳人格化了，同时视之为神而加以礼敬或祭祀。

在华夏大地上，人们对太阳一直偏爱有加。在我国，最早记载日月神话的文献是《山海经》。其中关于太阳有这样一段神话传说：

东南海之外，甘水之间，有羲和之国，有女子名曰羲和，方日浴于甘渊。羲和者，帝俊之妻，生十日。

羲和 我国神话中太阳神的名字。传说她是东夷人祖先帝俊的妻子，共生了10个儿子，都是太阳，他们住在东方大海的扶桑树上，轮流在天上值日。后来，10个兄弟不满先后次序，十日并出，晒得大地生火，就被后羿射杀了其中的9个。

日坛在北京城东郊，朝阳门外，当都城卯位。壝墙圆形，四周设棂星门4座，西门为三门六柱，东、南、北3座均为一门二柱，朱红门扉。

壝墙西门内有鼎、炉各2座，西门外南有瘗坎、铁燎炉各1座，北向。壝墙北门外之东为神库西向3间，神厨南向3间，以及井亭1座，南向，周围有墙垣1重，开门1座，西向。

其北为宰牲亭3间，墙垣1重，亦开1门向西。壝北门外直北为祭器库、乐器库、棕荐库，各3间，联檐通脊，均南向。壝墙西门外之北为具服殿3间，南向，左右配殿各3间，四周环卫宫墙，南面开宫门3间。其东有钟楼1座。

■日坛九龙柏

日坛主体建筑是祭祀大明之神，就是太阳的祭日坛，其主体建筑于1530年修建，坐东向西，呈方形，宽约16.7米，高约2米，是以白石砌成的一层方台，四面各出白石陛阶

照壁 我国古代传统建筑特有的部分。明朝时特别流行，是在大门内的屏蔽物。在古时，人们认为自己宅中不断有鬼来访，修上一堵墙，以断鬼的来路。因为据说小鬼只走直线，不会转弯。另一种说法为，照壁是我国受风水意识影响而产生的一种独具特色的建筑形式，又称“影壁”或“屏风墙”。

九级。各数皆为阳数。

据记载，日坛建筑格局为内坛墙前方后圆，周长约968米，两面用砖镶砌。西、北两面开天门两座，各3间。西天门外正西建栅栏门3座，照壁一座。北天门外有照壁一座。另有西角门一座。西北为景升街牌坊，坊前以朱栅为界，长50米。

外围墙西自牌坊西抵坛垣西南隅，长约1274米，东自牌坊东抵坛垣东北隅，长约1141米。其甬路由景升街向南，折向东至北天门，门以南折而西而北达具服殿，直南至神路。从壝北门外北至祭器库，折向东达宰牲亭、神库。各建筑均用绿色琉璃瓦，外墙覆瓦用青色琉璃绿缘。

坛面原为红色琉璃，象征太阳，清代改为方砖墁砌。正西有白石棂星门3座，西门外有燎炉、池。北为神库、神厨、宰牲亭、钟楼等。南为具服殿。后

日坛宰牲亭

日坛祭日壁画

来，祭日的坛台不在了，只有四周的红墙完好无缺。

祭日壁画位于日坛中央，绿色琉璃瓦顶。壁画全长15米，高6米，壁画中央是“金鸟”太阳神，上有飞天，下有帝王，群臣及百姓祭祀太阳神的隆重场面，两侧是“后羿射日”和“夸父逐日”等有关太阳的传说。

具服殿为一方形院落，北为正殿3间，南向。正殿左右为配殿，各3间，东西向，四周有宫墙。这是皇帝休息更衣之所。

西南景区融合了江南的湖光山色和北方园林的古朴典雅之美。景区有近4700平方米的湖面。湖畔建有古香古色的水榭、画舫，湖面架以曲桥、拱桥。

湖边围绕蜿蜒迂回的小路，沿小路向东走去，有曲径通幽之趣，登山眺望，山水融为一体。

玉馨园占地面积3000平方米，景色宜人，穿过蜿

夸父逐日 我国上古神话故事。说夸父与太阳赛跑，他跑进了太阳的光轮，天气炎热，他很渴，黄河和渭水的水都不够他喝，他就想去北方的大湖喝水。他还没走到北方大湖，就在半路上渴死了。他遗弃的手杖，化成了一片桃林，从此，绿树成荫，桃果飘香，后来的夸父族人逐日再也没有渴死过。

蜒曲折的园路，四周有40余年树龄、胸径为1米的悬铃木，枝繁叶茂，像一把遮阳伞，为游人带来丝丝凉意。

另外，园中还有凉亭、喷水池，花木山水等，相映成趣。著名的燕京八景之一的“金台夕照”，也让古老的日坛越发古朴典雅。

阅读链接

金台夕照景观，一直是老北京东南城的文化景观。据说乾隆皇帝还曾到此地游览，在夕阳下欣赏美景，还用行书题写了“金台夕照”4字，并题诗一首。诗道：

九龙妙笔写空蒙，疑是荒台西或东。
要在好贤传以久，何妨存古托其中。
豪词赋骛谁过客，博辩方孟任小童。
遗迹明昌重校检，辜然高望想流风。

我国传统的祭日典仪

祭日典仪是我国古代重要的祭礼之一。“祭日”在规模上虽比不上祭天，但仪式也颇为隆重。每年春分之日，明清两朝的皇帝都会前去北京城东面的日坛祭祀“太阳神”，文武百官，浩浩荡荡，相随而至，场面十分壮观。

日坛棂星门

《礼记》是研究我国古代社会典章制度和儒家思想的重要著作，内容广博，门类杂多，涉及政治、法律、道德、哲学、历史、祭祀、文艺、日常生活、历法、地理等诸多方面，几乎包罗万象，集中体现了先秦儒家的政治、哲学和伦理思想。其中《祭仪》专门记录了有关祭祀的礼仪和制度。

我国祭日的传统由来已久。《国语》中云：

古者先王即有天下，又崇立于上帝明神而敬事之，于是乎有朝日、夕月，以教民尊君。

《礼记·祭义》载：

郊之祭，大报天而主日，配以月，夏后氏祭其暗，殷人祭其阳，周人祭日，以朝及暗。祭日于坛，祭月于坎，以别幽明，以制上下。祭日于东，祭月于西，以别外内，以端其位。日出于东，月生于西。阴阳长短，终始相巡，以致天下之和。

古之天子，以天为父，地为母，日为兄，月为姊。每年春分朝日，秋分夕月。之所以选择春分和秋分，是因为“春分阳气方永，秋分阴气向长”，可

日坛美景之曲池胜春

日坛玉馨园

“得阴阳之义”。这一传统延续数千年，历代虽各有损益，但总体变化不大。

及至明初，天、地、日、月本为合祭。1370年，为正祭礼而分祀日、月，在南京城东、西城门外分建日、月坛。到嘉靖年间，改订礼法，又将地、日、月重新分祭。

1530年，将日坛和月坛由北京天地坛即后来的天坛分出。日坛设于朝阳门外，此地原为明锦衣卫萧瑛的住地，西向，称“朝日坛”；于每年春分日祭祀大明之神，无配祀。逢甲、丙、戊、庚、壬，每隔两年皇帝要亲赴日坛祭祀。其他年份则派遣文官代行。

据史料记载，日坛建好后，每隔两年皇帝都要去日坛祭日，直至清朝道光二十三年，也就是1845年。

当时祭日仪式非常隆重。祭日典仪开始时，奏中和韶乐，皇帝带着十余位大臣缓缓步入祭坛。祭坛上正东方向已摆好大明神位，也就是太阳神位。并且盛放祭品的器皿都是红色的，象征着太阳的颜色。

当祭日的队伍全部就位后，赞引官洪亮的嗓音响起：“就位——跪、叩、兴！”皇帝按照指引，恭敬地跪拜在神位前，请神从天界下到凡间，并献上玉和帛。之后皇帝又带领大臣行初献礼、亚献礼、终献

锦衣卫 全称为锦衣亲军都指挥使司，原为朱元璋设立的“拱卫司”，后改称“亲军都尉府”，统辖仪銮司，掌管皇帝仪仗和侍卫。1382年，裁撤亲军都尉府与仪銮司，改置锦衣卫。朱元璋为加强中央集权，特令其掌管刑狱，赋予巡察缉捕之权，下设镇抚司，从事侦察、逮捕、审问等活动。

日坛清辉亭

礼，每次都要跪拜，并献上爵。

伴随着仪式的进行，64位乐舞生在拜坛下面相继跳起武功舞和文德舞，分别表示武得天下和文治天下的含义。这两种舞蹈非常优美，与之配合的音乐也是铿锵有力、缓慢肃穆。

祭日典仪一直受到皇家重视，是我国古代文化的重要组成部分。

阅读链接

传说我国民间很早就有赶庙会祭祀太阳神的传统。

在山东日照汤谷太阳文化源风景区的天台山下，有一个非常独特的老母庙，这座老母庙祭祀的是我们的先祖太阳神羲和，当地人称“羲和老母”。

每年农历六月十九太阳神生日这天，天台山下的老母庙都要举办庙会，这是当地的一大盛事，周围几百里的乡民都会来赶庙会，祭太阳，祀老母，祈求五谷丰登，幸福安康。

村民们还将生产的乡土产品拿来展示、交换、同时请来专门的戏班子表演节目，场面宏大，热闹非凡。

北京月坛

月坛又名夕月坛，坐落于北京西城西侧，月坛北街以南。月坛是明清两朝皇帝祭祀夜明神月亮和天上诸星神的场所，因此，它又叫夜明神殿。

月坛始建于1530年。它是北京著名的五坛之一。月坛分为南北两部分：北园以红砖绿瓦的古建筑和规则式的道路为特征，这是明清时期的月坛；南园是仿古园林，其中的山石、水池以及迂回曲折的园路组成了一个自然山水园的格局。月坛还是北京著名的古典园林之一。

远自周代的祭月传统

我们的祖先对于四季交替、天时变换、日月盈昃尤其是危及人类生命的水、火、雷和电等，还缺乏科学的了解，以为在自然界中存在着一位至高无上的神君，不但主宰着上天，而且主宰着人类的生死存

月坛鸟瞰一角

月坛具服殿

亡、吉凶祸福。

所以，人们就怀着畏惧、祈盼的心情对这一神灵顶礼膜拜，希望它消灾降福，呵护人类。

这种纯朴的神权思想和朦胧的宗教意识，正是产生祭坛拜坛作为祈祷场所的最初动因。以后，历朝历代又不断增加祭祀对象，建立起各种各样的祭坛神庙以及一整套繁杂而又故作神秘的祭祀礼仪，作为朝廷的一种精神工具。

其实，早在先秦时期，祭祀天地日月就已经成为一种制度。后来，秦始皇就曾在成山，就是后来的山东成山祭日，在莱山掖县祭月，他是我国古代祭祀日月最早的帝王，对祭祀活动产生了深远的影响。

古人认为五谷丰收离不开月亮，如果没有月亮赐

先秦时期 指秦朝建立之前的历史时代，它经历了夏、商、西周，以及春秋、战国等历史阶段。在长达1800多年的文明史中，我们的祖先创造了光辉灿烂的历史文明，其中夏商时期的甲骨文和殷商的青铜器，都是人类文明的标志。这一时期还有我国历史上第一次文化学术的繁荣。

牌匾 我国独有的一种文化符号，它是融汉语言、汉字书法、中国传统建筑、雕刻于一体，集思想性、艺术性于一身的综合性艺术作品。它不仅是指示标志，也是文化的标志，甚至是文化身份的标志，广泛应用于宫殿、牌坊、寺庙等建筑的显赫位置，向人们传达皇权、文化、人物、信仰等信息。

予露水，没有月亮圆缺以计农时，丰收也是不可能的。据《礼记》记载：

> 天子春朝日，秋夕月。朝日以朝，夕月以夕。

意思是说，天子在春天祭日，在秋天祭月，祭日在早晨，祭月在夜晚。可见，帝王在春天祭日、秋天祭月的传统由来已久。

后来贵族和文人学士也仿效起来，在中秋时节，对着天上又亮又圆的一轮皓月，观赏祭拜，寄托情怀，这种习俗就这样传到民间，形成一个传统的活动。西汉武帝时，则“夕夕月则揖”，行朝日夕月之礼。汉成帝年间，在当时的都城长安城南郊修建了“天地之祀”以祭天地，修建“东君祀”以祭日。

在魏晋南北朝时期，春分在东郊朝日，秋分在西郊夕月，祭祀日月之神。至此，祭祀天、地、日、月已成为我国古代国家的盛大典礼之一，是帝王治国的

月坛内的长廊

■ 月坛公净月轩

重要方式，历来受到重视。

一直到了唐代，这种祭月的风俗更为人们所重视，中秋节便成为固定的节日，史书《唐书·太宗记》就记载有“八月十五中秋节”。据传这个中华民族重要节日的形成与“唐明皇梦游月宫”的故事有关。

传说有一年唐明皇在八月十五之夜，做梦游历了月宫，当他飘飘然地游历到月宫前的时候，见月宫上方悬挂着一块巨幅牌匾，上书有“广寒清虚之府”6个大字，他好奇地走了进去。

进宫以后，唐明皇立即被眼前的情景惊呆了，只见数百名仙女，个个如花似玉，她们舞动洁白如玉的长袖，在云雾飘渺的太空，伴着美妙的音乐，翩翩起舞。唐明皇看到一个个仙女体态轻盈，舞步优美动人，便越看越不想离去。正在他兴致高昂，情趣正浓之时，不觉睡眼醒来，原来是一场美梦。

中秋节 我国的传统节日，为每年农历的八月十五。按照我国的农历，八月为秋季的第二个月，古时称“仲秋”，民间称为中秋，又称秋夕、八月节、八月半、月夕、月节等。又因为这一天月亮又满又圆，是团圆的象征，又称为团圆节。民间中秋节有吃月饼、赏月、猜灯谜等多种习俗。中秋节起源于中国，也是东亚民间的一个传统节日。

但唐明皇一直难以从这场美梦中醒悟过来，后来竟“以梦当真”，念念不忘梦中的一切。他命令皇宫中的总管组织宫女，根据自己的记忆，设计排练了一套模仿月宫仙女表演的霓裳羽衣舞曲。

就这样，每到八月十五，就要摆上供品，赏月祭月，同时观赏宫女表演的优美舞曲，引得朝中文武百官竞相效仿，后来又传至全国各地，使人们对月亮产生了更多的浓厚兴趣，也促使每年八月十五过中秋佳节这一风气逐步盛行，形成了与春节、清明、端午齐名的中国民间四大节日。

古人把日称“阳”，把月为“阴”，阴阳调和则万物昌盛，因而人们对月亮有独特的情感。月亮在人们心中是美丽、温柔、恬静和可爱的，集所有阴柔之美于一身。而“嫦娥奔月”、“吴刚伐桂”、“玉兔捣药”，这些浪漫而美丽的神话，更让月亮多了份神秘的诗意。

阅读链接

古代帝王有秋天祭月的社制，民家也有中秋祭月之风，到了后来赏月重于祭月，严肃的祭祀就变成了轻松的欢娱活动。

中秋祭月赏月的风俗在唐代极盛，许多诗人的名篇中都有咏月的诗句，如诗人李白的“举头望明月，低头思故乡”，杜甫的“露从今夜白，月是故乡明”等。

宋代、明代、清代宫廷和民间的祭月拜月赏月活动更具规模。我国各地至今遗存着许多“拜月坛”、“拜月亭”和“望月楼”的古迹。

月坛内古香古色的建筑

月坛的由来，同样是因为明朝的“更定祀典”事件，明世宗决定在西郊建夕月坛专门祭月，夕月坛就是月坛。

月坛垂花门

月坛在北京西城南礼士路以西，月坛北街以南。在明清文献中记载，坛内主要建筑，除祭坛坛台和内坛坛墙外，还包括钟楼、天门、具服殿、神库等古建筑。

祭坛长约13米，高约1.5米。坛面铺设白色琉璃，代表月亮，与日坛的红

太牢　古代帝王祭祀社稷时，牛、羊、豕三牲全备为"太牢"。古代祭祀所用牺牲，行祭前需先饲养于牢，故这类牺牲称为牢；又根据牺牲搭配的种类不同而有太牢、少牢之分。少牢只有羊、豕，没有牛。由于祭祀者和祭祀对象不同，所用牺牲的规格也有所区别：天子祭祀社稷用太牢，诸侯祭祀用少牢。

色琉璃相对。祭坛东南西北四方各设白石阶6级。

祭坛周围有壝墙，方形，周长约315米，高约2.6米，厚约0.7米。壝墙四面各开棂星门一座。正东之棂星门为三门六柱，西、南、北三门则均为一门二柱，柱和楣阈为白石制。扉皆为朱棂。

祭器库和乐器库分别为存放祭月时使用的祭器和乐器的仓库。两库位于壝墙南门外，坐南朝北，各3间，祭器库在西，乐器库在东，建筑彼此连檐通脊。

北侧院落为神库和神厨及井亭：神库3间，坐西向东；神厨三间，坐南向北，均为一出三级陛阶；井亭北向，四面闲以朱棂；院落有墙垣一重，向东开一门。该院落和宰牲亭院落之间还有角门相连。

神库是平时安奉夜明神位之地，神厨则是祭祀前准备祭祀贡品的场所。井亭内可以汲水。月坛的神库、神厨、井亭、宰牲亭位于坛垣内西南隅的两个院落中。

月坛内的亭榭

宰牲亭用于宰杀、清洗祭祀的太牢，如牛、羊、

月坛内的游廊

猪等。宰牲亭自成一院落，位于神库、神厨、井亭院落南侧。院落内有宰牲亭3间，坐西向东，院落墙垣一重，门亦东向。

钟楼两层，绿琉璃筒瓦歇山顶，檐下彩绘旋子彩画。通过内部的木栅券门可登上二层。二层原有一尊铸造于明代的黄铜大钟，高3米、重两吨多。

具服殿是皇帝祭月更衣、休息的场所。正殿3间，坐北朝南，绿琉璃筒瓦歇山顶，檐下斗栱，梁枋施金凤和玺彩画，正中悬“具服殿”匾；殿内有清高宗“典崇郊坎”御额，且有对联：

西兑斋心陈白琥；
大田发咏庆黄云。

左右配殿各3间，殿顶覆黑琉璃瓦绿剪边，梁枋施旋子彩画。外设宫墙，形成院落，南开3座宫门。

旋子彩画 我国古代的彩画类型，俗称“学子”、“蜈蚣圈”，它的等级仅次于和玺彩画，其最大的特点是在藻头内使用了带卷涡纹的花瓣，即所谓旋子。旋子彩画最早出现于元代，明初基本定型，清代进一步程式化，它是明清官式建筑中运用最为广泛的彩画类型。

月坛内的钟楼

月坛一直以铁栅栏作为园墙。后来改造重建了坛墙的绝大部分，重建的坛墙高5米，全长达580米，总共由15万块用传统工艺制成的二重样城砖槽实砌而成。

月坛的东天门和北天门均为三券门式，通面阔22米，进深4.5米。朱红墙壁，歇山调大脊，单檐绿琉璃筒瓦，檐下彩绘旋子彩画。

光恒街位于北天门东北，东天门北。街北原有牌坊，称礼神坊，清朝时易名“光恒坊”，坊前界以朱栅。光恒街中心为甬路，该路由光恒街向南，然后西折，再向南达北天门，和门内的神路相接。

月坛内还种植了很多名贵树木，修缮了古建筑，其中钟楼、天门和神库等均保存完好。后来月坛又新建了很多景点，如月坛蟾宫、天香院、揽月亭、爽心亭、月桂亭等，成了一处优美的游览胜地。

阅读链接

月坛分为南北两部分。北园以红砖绿瓦的古建筑和规则式的道路为特征；南园作为仿古园林，其中的山石、水池以及迂回曲折的园路，组成了一个自然山水园的格局。

整个月坛的设计建造以月为主题，园之名也取为“邀月园”。邀月园中部有一座小院，取“桂子月中落，天香云外飘”之意而名“天香院”。天香院南侧的草坪上，有数只石质玉兔，与天香院共同寓意为人间“广寒”。

月坛因其古香古色的建筑，成为著名的古典园林之一。

北京先农坛

先农坛又叫山川坛，坐落于北京永定门内，正阳门西南，和东面的天坛建筑群遥相呼应，是明清两朝帝王祭祀先农、山川、神祇和太岁等神灵的地方。

北京先农坛建于1420年，它是由先农神坛、太岁殿、观耕台、神仓、庆成宫和神祇坛等6组建筑组成的古建筑群。

这座建筑群的格局并没有遵循传统的中轴对称模式，而是在每一组小建筑群中严格遵循中轴对称的平面布局形式，体现了大处松散、小处严谨的独特风格，有一种别具一格的美。

从神农尝百草的故事说起

炎帝是我们华夏始祖之一，是我国远古时期的部落首领，又称为赤帝。

他制耒耜、种五谷、立市廛、辟市场。他治麻为布，让民着衣。

先农坛内题词

■ 先农坛太岁殿

他做五弦琴，以乐百姓。他削木为弓，以威天下。他制作陶器，改善生活。

他是我们中华民族的人文初祖。炎帝与黄帝结盟并逐渐形成了我们华夏民族，形成了我们炎黄子孙。

据传说，炎帝遍尝百草，找出了为民治病的草药，又亲自尝试农耕，总结农业种植的经验，无私地传授给天下百姓，让人们种植五谷，解决了人们的温饱问题，使人们告别了茹毛饮血的原始状态。因此，炎帝被尊称为神农氏，又称先农。

后代人们为了纪念炎帝，就兴建坛庙，每年定期进行祭奠。渐渐地，由民间的祭奠逐渐上升为历朝历代统治者为了稳固国家政权而进行的国家祀典。

同时还制定了一系列的礼仪规程，以示隆重肃穆，并借以劝告天下百姓务农耕作，遵循“民以食为天，国以农为本”的国策，借以达到民有所养和天下

五弦琴 我国古琴的一种，历史悠久，形制古老。五弦琴具有民族特点，它发音柔和，音色圆润，音量不大，可用于独奏或为民歌、民间舞蹈伴奏，流行于我国台湾高山族布农、泰雅等部族地区。相传高山族先民在春米时，就弹奏五弦琴以伴劳作。

■ 先农坛龙纹瓦饰

太平的统治目的。

农耕种植业的产生与人口的增长、采集与渔猎的不稳定性以及人们对大自然认识的深入密不可分。在距今10000多年前，我国原始农耕种植业开始萌发；在距今七八千年前，黄河流域及长江流域原始农耕种植业已相当发达；在进入阶级社会时，农耕种植业已遍布我们中华大地了。

随着人们对于以往的农业生产经验不断积累、总结和高度概括，并以口头的形式代代传承。同时，人们逐步学会使用农业生产工具，并不断加以改进，使得高效的农业工具渐渐出现，促使农业生产效率大为提高。

由于农耕及栽培技术的不断进步，到了春秋战国时期，已培育出了以“五谷”为代表的主要农作物。“五谷”是古人对众多农耕作物的概称，一般是指后来的谷子、黍黄米、水稻、燕麦或荞麦、豆类等，其

《史记》 西汉史学家司马迁所著，它记载了我国从上古传说中的黄帝时期，到汉武帝元狩元年长达3000多年的历史。司马迁以其“究天人之际，通古今之变，成一家之言”的史识完成的史学巨著《史记》，是我国古代“二十五史”之首，被誉为“史家之绝唱，无韵之离骚”。

中，尤以粟、菽、黍最为重要。

以“五谷”为代表的主要农作物，对于百姓生活、国家稳固都十分重要。五谷的选植成功，为炎帝神农氏传说的起源提供了物质基础。

漫长岁月积淀的远古神话，与特定的社会现实相遇，往往会撞击出神奇的火花。炎帝神农氏神话的出现，就是来源于春秋战国这个色彩斑斓、具有多元文化思想的时代。

上古世代口头相传的神话，到了春秋战国时期，就不断地以文字形式出现在诸子百家的典籍中，他们纷纷借助炎帝神农氏时代的情况介绍，以寄托和阐明自己改良社会的思想，这就构成了炎帝神农氏传说起源的社会基础。

到了西汉，著名史学家司马迁所著的《史记》正式将炎帝神农氏的神话以史书的形式加以明确肯定。

五谷 古代所指的五种谷物。“五谷”在古代有多种不同的说法，最主要的有两种：一种指稻、黍、稷、麦、菽；另一种指麻、黍、稷、麦、菽。两者的区别是：前者有稻无麻，后者有麻无稻。古代经济文化中心在黄河流域，稻的主要产地在南方，而北方种稻有限，所以五谷中最初无稻。

先农坛神厨院落

九坛八庙 是京城九坛和京华八庙的总称。九坛，即天坛、地坛、祈谷坛、朝日坛、夕月坛、太岁坛、先农坛、先蚕坛和社稷坛诸坛；八庙，即太庙、奉先殿、传心殿、寿皇殿、雍和宫、堂子、文庙和历代帝王庙。这些都是明清帝王们进行各种祭祀活动的地方。

在西汉中期以前，又正逢汉代“黄老”无为思想的盛行，休养生息与发展农业生产成为了当时的国策。

当时统治者大力发展农业生产，抑制商品经济，因而就大力提倡崇拜农业之神炎帝。皇帝不仅举行亲耕典礼，就是亲耕藉田，还设立祭祀神农的坛庙，委任官员加以管理，并举行祭祀神农的仪式。炎帝神农氏的祭祀因而得以正式确定。

经过神话定型时期，炎帝神农氏的形象已经大为丰富了，他的农业之神的地位在汉及汉以后历代都被统治者大加提倡并加以肯定。几乎历朝都要立坛、立庙、立祠进行祭祀。

由民间到官方还逐渐明确了炎帝神农氏的出生地及安葬地。传说湖北随州历山的神农洞，就是炎帝神

先农坛祭坛

农氏的出生地，而湖南株洲的炎陵，就是炎帝神农氏误食草药而去世的安葬地。

到了北宋时期，统治者便在湖南株洲建造了炎帝陵。元、明、清历朝都不断进行修缮，并于皇帝登基等日举行国家祀典。炎帝神农氏不仅成为了神灵，而且还演化成了稳定国家统治秩序的载体之一。

为了祭祀神农氏，1420年，明朝永乐皇帝仿照南京先农坛在北京建造了先农坛，悉仿南京旧制，在洪武时期制定的祭仪基础上，进行了补充。

先农坛以其在数百年间逐步形成的古建筑形制及其格局为全国所独有，是我国古代祭祀等级最高、规模最大，北京著名的九坛八庙之一。

先农坛地处北京城中轴线南端西侧，与中轴线东

黄老 “黄”指传说中的黄帝，“老”指春秋道家学派创始人老子。“黄老”通常指黄老学说，是我国古代的一种思想流派，尊传说中的黄帝和老子为创始人而得名。黄老之术始于战国，盛于西汉。黄老学派假托黄帝名义，改造老子道家思想，并兼采阴阳、儒、墨等诸家观点，形成黄老思想，其特点是无为而治。

天神 指天上诸神，包括主宰宇宙之神及主司日月、星辰、风雨、生命等神。佛教认为，天神的地位并非至高无上，但可比人享有更高的福祇。天神也会死，临死前也会出现衣服垢腻、头上花萎、身体脏臭、腋下出汗和不乐本座等五种症状。

侧的天坛隔街相望，形成了对北面故宫的承托之势。在历史上，这里的总面积约有8.6平方千米，由内外两座坛墙围成，外坛墙长4378米。以内坛墙为界，又分为内坛和外坛。

先农坛的全部建筑由内外两重围墙环绕，平面为北圆南方的长方形。坛内建筑可分为3组，即先农坛、天神地祇坛和太岁殿。

先农坛组包括坛台、神厨神库、神仓、具服殿、观耕台、庆成宫，用于祭祀先农和举行藉田典礼。天神地祇坛用于祭祀大地和山川等自然神。太岁殿是一组雄伟的建筑群，用于祭祀太岁。

可以说，先农坛的建筑功能完整，有先农神的祭坛，就是先农神坛，有清帝观看大臣耕作的观耕台，有供奉神农神龛的神库，有储存藉田收获粮食的神

先农坛地祇坛

仓，有亲耕藉田前更换服装的具服殿，有亲耕藉田成功后举行庆贺的庆成宫，甚至有为祈祷和报答风调雨顺、地力肥沃而建的神耤坛。

先农坛檐兽——斗牛

先农坛最早的建筑物是山川坛，永乐年间还建有太岁坛、风云雷雨、五岳、四海等13座祭坛。不过，有意思的是，凡祭山的坛，石头上的纹路皆以山纹表示，凡祭水的，皆以水纹表示，古人真是用心良苦。此外，嘉靖年间还建有太岁殿、天神坛和地祇坛等。

清朝乾隆年间重修了部分建筑物，1753年改太岁殿东的旗纛庙为神仓，并把木结构的观耕台改为砖石结构，改原斋宫为庆成宫。

阅读链接

在炎帝时期，有一天，一只周身通红的鸟儿，衔着一颗五彩九穗谷粒，飞翔在天空，当掠过神农氏头顶的时候，九穗谷掉在了地上。

神农氏看见了，就拾起来埋在了土壤里，后来就长出了一棵苗，不久苗又结了穗。神农氏就把谷穗放在手里揉搓后放在嘴里，他感到很好吃，又可以充饥。

神农氏从中受到了启发，他想要是把谷粒埋到土里，年年种植，年年收获，这样人们的食物就会源源不断了，人们的吃食问题不就解决了吗？

但是在那时，五谷和杂草长在一起，哪些可以吃，哪些不可以吃呢？谁也分不清。神农氏就一样一样地尝，一样一样地试种，最后他从中筛选出了菽、麦、稷、稻等五谷。

先农坛别具一格的古建筑

先农坛的建筑群，包括内坛墙在内，从明代始建至清代乾隆时期大修，整体布局基本完整，建筑的构筑特色及艺术风格基本保留了明代的特征。

先农坛木质模型

太岁殿拜殿

先农坛共有建筑群五组，分别为庆成宫，太岁殿及其拜殿与前面的焚帛炉，神厨及其宰牲亭，神仓以及具服殿，等等。

庆成宫位于先农坛内坛东北部，与内坛的几组建筑基本处于东西同一方位上，庆成宫明时为山川坛斋宫，清乾隆年大修后更名为庆成宫，作为皇帝行耕耤礼后休息和犒劳百官随从的地方。

庆成宫坐北朝南，东西长122米，南北宽110米，占地面积约13500多平方米。中轴线从南向北依次为宫门、内宫门、大殿、妃宫殿等，大殿与妃宫殿间东西两侧有配殿，内宫门与大殿间院墙东西各有拱券掖门一间。

庆成宫整体布局为院中院，内外宫门形成两个大的院落。建筑集中在中轴线北部的同一高台上，四周有围墙相连，形成一座封闭的院落。

拜殿 有多种内涵。一是立于殿庭下申诉冤屈。二谄媚帝王的一种行动。三是指伊斯兰教等宗教的礼拜堂。四指寺庙建筑中正殿之前的建筑物，善信于此处摆设祭品祀神，故称为“拜殿”。拜殿有的与正殿相连，也有隔天井与正殿相对。

太岁殿正殿

时辰 我国古代把一天划分为十二个时辰，每个时辰等于现在的两小时。相传古人根据我国十二生肖中的动物的出没时间来命名各个时辰。

日晷 我国古代利用日影测得时刻的一种计时仪器，又称“日规”。其原理就是利用太阳的投影方向来测定并划分时刻，通常由晷针和晷面组成。利用日晷计时的方法是人类在天文计时领域的重大发明，它被人类沿用了几千年之久。

妃宫殿左右与配殿用围墙相连形成一小院，建筑高台两侧又各为一个院落，其后墙为庆成宫院墙，并在院墙上设有墙体门，而院南墙与其相对应处开随墙门一座。院内所有建筑及围墙全部为绿琉璃瓦。

庆成宫内外宫门结构造型基本一致，为砖仿木拱券无梁形制，每座建筑面积120平方米，面阔5间16米，进深一间7米，屋面为单檐歇山式，绿琉璃瓦剪边，三踩单昂磨砖斗硕。

建筑明次间开3间拱券门，板门装九路门钉。建筑前后台明置汉白玉石栏杆，并于每座门前后中部铺设雕龙石板。

大殿建筑面积约400平方米，前置约246平方米的月台，周围安装有汉白玉石栏板，正面置九阶台阶一个，台阶两边有日晷、时辰碑，台阶中部有雕龙石板，两侧七阶台阶各一个。

大殿面阔5间27米，进深3间15米。殿内明间南部减去金柱两根，屋面单檐庑殿式，有推山，绿琉璃瓦。檐柱头有砍杀。斗硕为五踩单翘单昂镏金斗硕。

补间斗硕为真下昂，挑金做法。昂后尾挑于正心檩与下金檩之间的枋下，枋上挑檐椽，枋两端通过驼峰，搁置于抱头梁或六架梁上。

内檐下金垫板与下金枋之间，置一斗三升隔架科斗硕。殿内有天花。殿宇前檐5间通开格扇门，后檐明间设门，通往妃宫殿。

太岁殿建筑群位于先农坛内坛北门西南侧，是为祭祀太岁及春夏秋冬等自然神灵之地。其东邻神仓，西近神厨，南为具服殿，位置基本在先农坛内坛建筑的中心地带，建筑体量为先农坛之最。

太岁殿组群建筑占地约有9000平方米，内有四座单体建筑，中轴线从南向北依次为拜殿、太岁殿，东西两侧各有厢房11间，建筑间用围墙相连，拜殿两侧墙及东西墙北侧共设随墙门4个。

拜殿建筑面积约860平方米，通面阔7间约51米，进深3间约17米。前置300多平方米的月台，正面置六阶台阶3个。后檐分别在明间、稍间置六阶台阶。

殿宇前檐中3间用4扇格扇门，稍间下砌槛墙，上置四扇格扇窗，尽间砌墙，后檐7间全开4扇格扇门，格扇形制为

庑殿 我国古代建筑中的最高型制，在等级森严的封建社会，这种建筑形式常用于宫殿、坛庙一类皇家建筑，是中轴线上主要建筑最常采用的形式。如故宫午门、太和殿、乾清宫等。庑殿建筑用材硕大、体量雄伟、装饰华贵富丽，具有较高的文物价值和艺术价值。

先农坛中的古井

须弥 据佛教解释，我们所住的世界中心是一座大山，叫须弥山。须弥的意思是"妙高"、"妙光"、"善积"等，因此须弥山有时又称"妙高山"等。相传山顶有善见城，为帝释天所居之处。其周围四方各有八位天道，帝释天在山顶统领须弥山周围的四方诸天。

四抹头，菱花为三交六碗。

太岁殿建筑雄伟高大，建筑面积1100多平方米。通面阔七间51米，明间、稍间前置六阶台阶，进深三间25米。其木构架结构基本与故宫太和殿上层类似。

屋面单檐歇山式，黑琉璃瓦绿剪边。柱础石为素面覆盆式，檐柱高6米，柱头有砍杀。金柱高10米，建筑室内总高15米。殿内明间北部有神龛，无神像。拜殿及太岁殿均用金龙和玺彩绘。

东西配殿建筑面积各为755平方米，其面阔共十一间55米，进深三间13米，前出廊，仅明间置五阶台阶，南北两侧于廊步尽头置如意踏跺三级。

悬山黑琉璃瓦屋面。东西配殿大木构架为早期特色，殿宇梁架每一结点的柱头直接承载大斗，斗正面出梁头，侧面出檩枋，柱间用额枋相连接，柱头有卷杀，柱有侧角。殿宇面阔十一间，各开四抹方格四扇

先农坛中的琉璃龙纹

■ 先农坛宰牲亭

格扇门。彩画为龙锦枋心。

太岁殿院外东南侧有砖仿木结构无梁建筑焚帛炉一座，为焚烧纸帛祭文之用。西向面阔6.6米，进深3.7米，黑琉璃瓦绿剪边，歇山屋面，须弥底座，正面设3个大小不同的拱券门，四角有圆形磨砖圆柱。柱上砖制额枋处雕刻明代旋子彩画，上置砖仿木五踩单翘单昂斗硕。

神厨位于太岁殿之西，院落轴线外南部为先农神坛，西北围墙外有宰牲亭。神厨院占地面积约3790平方米，坐北向南，“北正殿五间，以藏神牌，东为神库，西神厨，各五间，左右井亭各一。”

大门为立柱及斗硕等木构架，建筑面积约18平方米，面阔6.88米，进深2.6米。

屋面为单檐悬山式。正殿建筑面积342平方米，面阔五间26米，进深四间13米，前檐明间置五级台

额枋 我国传统建筑中用于联系、承重的水平构件，就是木结构建筑中檐柱与檐柱之间的联系梁。南北朝之前多置于柱顶，隋唐后才移到柱间。早期多设一根，后增添一较细者，遂有大、小之分。

先农坛祥云雕刻

盝顶 我国古代传统的屋顶样式之一，盝顶梁结构多用四柱，加上枋子抹角或扒梁，形成四角或八角形屋面。顶部是平顶的屋顶四周加上一圈外檐。盝顶在金、元时期比较常用，元大都中很多房屋都为盝顶，明、清两代也有很多盝顶建筑。例如明建故宫的钦安殿、清建瀛台的翔鸾阁就是盝顶。

阶，屋内明间减去中心柱两根，悬山顶屋面，上铺削割瓦。建筑仅明间开4扇格扇门，4抹头，其余各间为槛墙上开窗。

井亭建筑面积为48.9平方米，六角形，每边长4.3米，三踩单昂镏金斗硕，有斗幽页，室内无梁枋，由角科及其两侧平身科镏金斗硕后尾悬挑六角形脊枋，室内中心有井口，上置高近0.8米的六角形石井台，屋面为盝顶，中心空置，与室内井口相对，以为天地一气之意。井亭正北有礓差台阶。

东神库建筑面积270平方米，面阔5间26米，进深一间约10米，前檐明间置礓差台阶，悬山顶屋面，室内椽飞上为石望板，上铺削割瓦。建筑仅明间开门，其余各间为槛墙上开窗。

西神厨建筑面积约270平方米，面阔5间26.4米，进深2间10.4米，前檐明间置礓差台阶，悬山顶屋面，上铺削割瓦。建筑前檐仅明间设门，其余各间为槛墙上开窗。后檐明间设槛墙并开窗，窗外于台明上置石水槽。

神仓位于太岁殿东部，为清代1752年的建筑。神仓有“天下第一仓”的美誉。神仓院占地面积约3400平方米。坐北向南，中轴线从南向北为山门、收谷亭、圆檩神仓、祭器库，左右分列仓房、神仓、值房各3座。另外全院从圆檩神仓后设墙分成前后两院，中设圆门。

山门为砖拱券无梁形制，建筑面积72平方米，面阔3间13.4米，进深5.3米，屋面为单檐歇山式绿琉璃砖叠涩挑檐，无斗硕，瓦面为黑琉璃瓦绿剪边。建筑开三间拱券门，板门装九路门钉。

收谷亭平面为方形，建筑面积49.9平方米。每边长宽为6.8米，南北各设三级台阶，无斗硕，四角攒尖

琉璃瓦 据文献记载，琉璃一词产生于古印度语，随着佛教文化而东传，其原来的代表色实际上指蓝色。我国古代宝石中有一种琉璃属于七宝之一。现在除蓝色外，琉璃也包括红、黑、黄、绀蓝等色。施以各种颜色釉并在较高温度下烧成的上釉瓦因此被称为琉璃瓦。

先农坛狮子雕

顶，瓦面为黑琉璃瓦绿剪边。

神仓为圆形，建筑面积58平方米，直径8.6米，正南设五级台阶，无斗硕，屋面为圆攒尖顶，上铺黑琉璃瓦绿剪边。圆形平面上制檐柱8根，柱间用木板遮挡，南设4扇格扇门。室内除在原地平铺方砖外，又在其上置厚高16厘米、宽13厘米的木地梁，上铺木地板，以此为贮粮防潮。

雄黄玉 我国古代建筑彩画的一种。旋子彩画中等级较低的一种形式，它以土黄色打底，花瓣作青、绿色退晕。线条都用墨线。雄黄是药物，以雄黄为主要颜料的彩画，不仅美观，还起到防腐防蛀的作用，因而这种彩画多用于坛庙建筑的神厨、神库中。

祭器库建筑面积245平方米，面阔5间26.1米，进深2间9.3米，明间有礓差踏步，悬山顶屋面，上铺削割瓦。此座建筑造型开阔而矮小，檐柱高3.1米，而间阔为4.8米左右，建筑仅明间开4扇格扇门，4抹头，其余各间为格扇窗。

两侧南部仓房建筑面积各为76.9平方米。面阔3间10.4米，进深1间7.3米，前檐明间置三级台阶，硬山顶屋面，上铺削割瓦。

北部仓房建筑面积各96.5平方米，面阔3间12.4

先农坛焚帛炉

■ 先农坛内藻井

米，进深1间7.7米，前檐明间置三级台阶，悬山顶屋面，上铺黑琉璃瓦绿剪边。明间瓦顶正中设悬山顶天窗，天窗高约2.6米，长1.7米，宽0.7米。

两侧最北端值房建筑面积各约为120平方米，面阔3间14.3米，进深两间8.3米，前檐明间设一级如意踏步，悬山顶屋面，上铺削割瓦。

神仓院建筑彩画，除收谷亭为雅伍墨旋子彩画。外，其余均为皇家祭祀建筑特用的雄黄玉旋子彩画。

具服殿位于太岁殿东南，是明清两朝帝王祭祀先农时更衣并行藉耕之典的场所。

具服殿建于1.6米的高台上，建筑面积约390平方米，面阔5间27.2米，进深3间14.2米，前置254.5平方米的月台，月台与建筑台明等宽，南面设十级台阶，东西面设八级台阶。歇山绿琉璃瓦屋面。

檐柱头有砍杀。殿内明间减去金柱四根，前后檐

攒尖顶 就是攒尖式屋顶。宋朝时称“撮尖”、“斗尖”，清朝时称“攒尖”，是我国古代建筑的一种屋顶样式，其特点是屋顶为锥形，没有正脊，顶部集中于一点，即宝顶，该顶常用于亭、榭、阁和塔等建筑。攒尖顶有单檐、重檐之分，按形状可分为角式攒尖和圆形攒尖。例如故宫的中和殿为四角攒尖，天坛祈年殿为圆形攒尖等。

先农坛具服殿

柱承载长10.5米的七架梁。彻上明造，梁头及檩枋下均设一斗三升隔架科斗硕。有金龙和玺彩绘。

北京的先农坛已有580余年的历史，多年的风雨沧桑，从本源文化创意到为帝王服务的建筑，再到后来的文物古迹，它无处不体现出历史、文化和艺术的价值。

阅读链接

先农坛中的观耕台为清乾隆年间建造。它占地面积约508平方米，台高1.9米，台面16米见方，东、西、南三面设九级台阶，台阶踏步为汉白玉条石，边沿雕刻莲花图案。

台上四周有汉白玉石栏板，望柱头为龙云雕刻，地面方砖细墁。台底须弥座由黄绿琉璃砖砌筑，琉璃砖上雕刻花草图案，为典型的宫殿坛基建筑。

观耕台为皇帝亲耕完毕观看王公大臣们耕作的高台，体现了我国古代历代帝王对农业的重视，也是我国古代农耕文化的重要组成部分。

清代皇帝亲耕先农坛

皇帝亲耕这件事还要从我国古代的国家祀典说起。我国古代的国家祀典分为两个部分，就是亲耕藉田与祭奠典礼。

西汉以前，只出现过亲耕藉田。从西汉开始，人们在弘扬亲耕典

先农坛观耕台

■ 先农坛人物雕刻

礼的同时，又逐渐将后来的祭祀神农与亲耕典礼合二为一，统称“亲耕享先农”或“藉田享先农”，并沿袭至清代末年。

“一耕一祀”，耕是形而下，祀是形而上，恰如其分地涵盖了炎帝神农祭祀内涵的两个层面。

藉田，在周代是指周天子从具有自由身份的平民那里借来，为耕种出产自给自足之用粮食作物的田地，也就是后人俗话说的“自家的一亩三分地”。

在周代，天子与诸侯都有藉田。我国古代重要典章制度书籍《礼记》中说“天子千亩，诸侯百亩”，而周代的一亩约合后来的三分之一亩。

在春天，天子、诸侯“以车载耒耜”，到藉田行亲耕藉田之礼，以此劝天下务农。进入汉代，皇帝不仅行亲耕礼，还仿效祭祀社稷的礼仪祭祀神农，设神农祠。汉文帝曾说：

夫农，天下之本也，其开藉田，朕亲率耕，以给宗庙粢盛。

汉景帝曾说：

朕亲耕，后亲蚕，以给宗庙粢盛祭服，为天下先。

藉田 我国古代天子、诸侯征用民力耕种的田。每逢春耕前，天子、诸侯躬耕藉田，以示对农业的重视。古代统治者设置藉田的目的，一是为天子祭天祀地提供醴酪粢盛等祭品，二是借以宣扬天子身先天下，以农为本。

公元前89年，“上耕于钜定”。公元前81年，“上耕于上林”。

为有效管理藉田亲耕礼诸事务，还设有专职官员，由于亲耕与祭农殊途同归，都是为了强调农业在国家政治经济中的重要性，因此二者逐渐合为一礼，即在亲耕之日也祭祀神农。

东汉沿袭西汉之制，汉明帝在公元61年“亲耕藉田，以祈农事”。汉章帝在公元86年“耕于怀”。东汉卫宏所撰官制典籍《汉旧仪》上记载：

> 春始耕于藉田，官祠先农。先农即神农，炎帝也。

经东汉、三国、两晋、南北朝，这一典章制度上的变化逐渐得已完善。自此，耕即祭，祭为了耕，二者有机地融为了一体，这一做法至明清达到完善。

诸侯 我国古代中央政权所分封的各国国君的统称。诸侯源自分封制，最早可以追溯到西周时期。周代分公、侯、伯、子、男几等，汉朝分王、侯两等。周制，诸侯名义上须服从王室的政令，向王室朝贡、述职、服役，以及出兵勤王等。汉时诸侯国由皇帝派相或长吏治理，王、侯仅食赋税。

先农坛内的神龛

明孝宗（1470—1505），明宪宗第三子朱祐樘，明朝第九位皇帝。他在位期间，努力扭转宪宗时期朝政腐败的状况，驱逐奸佞，任用贤臣，勤于政事，励精图治，使明朝再度中兴，并发展成为了盛世，史称"弘治中兴"。

在唐宋时期，"藉田千亩之甸"，神农耕祭已形成较大规模，作为郊祀的一项重要内容，行礼的等级及次数虽不比祭天等项，但先农坛作为一种永久性的神农祭祀礼仪的物质载体却已大体定形。

明朝伊始，便在都城南京设先农坛，内有藉田。1420年，永乐帝仿照南京先农坛在北京建造先农坛，1488年，明孝宗耕藉田。1522年，明世宗耕藉田，1531年，更定藉田仪。明世宗之后的明帝，均按嘉靖藉田仪行事，未再改动。

清代，我国神农耕祭之礼达到顶峰时期。每年仲春或季春的亥日前一个月，由礼部报请耕耤日及从耕三王九卿官员名单。同时由鸿胪寺在先农坛藉田两侧立好典礼仪式及从耕官员的位置标志牌。内务府奏请皇帝先到西苑丰泽园演耕。

■ 先农坛宫灯

耕籍前两日，皇帝开始斋戒。其他三王九卿以至文官四品以上和武官三品以上一应人等皆在家斋戒两日。

耕籍前一日，皇帝在紫禁城中和殿阅视祭奠祝文、耕籍谷种及农具后，再由太常寺官和顺天府尹在仪仗乐队护卫下把它们送至先农坛，分别安放在神库和耕籍所。

耕籍日清晨，皇帝就着礼服

■ 先农坛内的彩鼓

乘龙辇出紫禁城，在午门鸣钟。不从耕的官员按级别分别在午门、内金水桥及外金水桥南叩送。从耕官员则在先农坛候驾。

龙辇到达先农坛后，皇上先到具服殿盥手，而后至西侧先农坛祭拜先农。皇帝率众恭恭敬敬地行过祭礼后，转身面向台下东南方的“瘗坎”，观看有关人员将祭牲的毛、血放入瘗坎填埋。

先农坛旁的“瘗坎”是一个方形地池，而天坛祭牲台下的“瘗坎”则是圆形地池，这是取自天圆地方的寓意。

祭拜之后，皇帝到具服殿更换龙袍准备亲耕。各级官员也迅速更换蟒服和补服。藉田左右，从耕的官员及耆老农夫等相关人员各就各位。更衣毕，礼部官、太常寺官奏请皇帝行耕籍礼。

藉田为一亩三分地，分作十二畦，皇帝的亲耕部

鸿胪寺 我国古代的官署名，汉改秦代典客为大行令，汉武帝时又改名大鸿胪。鸿胪本为“大声传赞、引导仪节”之意。大鸿胪主外宾之事。至北齐，置鸿胪寺，后代沿置。南宋、金、元不设，明清复置，主官为鸿胪寺卿，主要掌朝会仪节等。

■ 琉璃屋脊兽

位设在正中，亲耕用的农具、耕牛等早已摆放妥帖。

礼部司官三挥红旗，礼部尚书跪奏皇帝着蟒服出具服殿，户部尚书跪进耒，顺天府尹跪进鞭，于是皇上左手执耒，右手执鞭，耆老两人牵黄牛，农夫两人扶着犁，鸿胪寺官唱赞仪式开始，在太常寺官员的引导下皇帝开始行耕籍礼。

一时间鼓乐齐鸣，禾词歌起，旗幡飘扬。皇帝执耒扬鞭在藉田中亲行农事。在皇帝身后，顺天府尹手捧青箱，户部侍郎手握种播撒，协助皇帝行劝课天下的示范性耕耘。

皇帝三推三返完成耕耤礼，耕毕，歌止。户部尚书与顺天府尹跪受耒和鞭，分别放置犁亭、鞭亭。皇帝登观耕台，从耕三王九卿依次接受耒和鞭，行五推五返、九推九返之礼。而余下的耕作任务，则由顺天府尹偕大兴、宛平县令率农夫完成。

当礼部尚书奏报“耕耤礼成”时，乐队奏乐，皇帝起驾出坛。一路仍由仪仗、鼓乐护送，文武百官于午门、紫禁城外跪迎，午门鸣钟，皇帝返宫。

秋日收割之后，顺天府就把稻、黍、谷、麦、豆

户部 我国古代官署名，为掌管户籍财经的机关，六部之一，长官为户部尚书，曾称地官、大司徒、计相等。它起源于三国，当时设有度支尚书，掌财政。隋朝以度支尚书为民部尚书。至唐代为避太宗讳，改称户部，历代相沿。

悉数提交钦天监，并选择吉日藏于神仓，以备粢盛。

整个过程庄严肃穆，井然有序，反映出朝廷的高度重视。明清两朝，是祭祀礼仪发展最为完善的时期。祭农、亲耕之礼被置于关系国家长治久安的重要地位，相关礼仪制定得十分详备，执行得最为严格。即使乐队唱诵的“禾词”，乾隆皇帝都要钦定。

在1760年，乾隆还特地邀请入京觐见的哈密郡王玉素富暨各回部贝勒贝子公伯克等“入坛观礼”。后来的祭农，皇帝要亲自演耕。对那些工作失职，为亲耕典礼造成麻烦的官员，皇帝要严加惩处。

清帝不仅亲自耕作藉田，关注着自己的“一亩三分地”，还时时不忘“重农固本”和“劝课农桑”。1724年，雍正帝令各省“督抚以下，皆有课农之责，应不时咨访疾苦，为农除害。”

又令各省每年“举老农中勤劳俭朴，身无过犯者一人，给以八品顶戴荣身”，理由是“士子读书砥

蟒服 明代皇帝赐予有功文武大臣及属国国王、部落首领的赐服。因为衣服上饰有蟒纹而称为蟒服或蟒袍、蟒衣。蟒纹与龙纹相似，区别在于龙为五爪，蟒为四爪。明朝文武官员服饰主要有朝服、祭服、常服、赐服等。蟒袍是一种皇帝的赐服，穿蟒袍要戴玉带。蟒袍与皇帝所穿的龙衮服相似，获得这类赐服是极大的荣宠。

■ 先农坛建筑的凤凰纹饰

先农坛内的高颐阙

行，学成用世，国家荣之以爵禄。而农民勤劳作苦，手胼足胝，以供税赋，养父母、育妻子，其敦庞淳朴之风，岂惟工买不逮，亦非不肖士人所及。

“虽荣宠非其所慕，而奖赏要富有加。”同时“各州县又应春至劝耕，秋至劝敛，察农民之勤劳，及收成之丰歉。如或奉行不力，则予议处。”

自此，先农的耕祭活动遍及全国。在一些地域，则渐渐演变成地方性的民俗活动，人们在新春来临之际，举行各式各样的活动，以祭拜农神，祈祷新一年农业有个好收成。

阅读链接

据说，1805年嘉庆皇帝亲耕时，顺天府所备之牛很不驯服，再更换用之牛，仍不驯驭，嘉庆帝大为不悦。等到观耕时，嘉庆帝见那些三王九卿所用的耕牛也不听话，更是气愤异常，结果顺天府就被专司查办了。

1818年，嘉庆皇帝亲耕后就启程赴东陵祭祖。官员们见皇帝未观耕，都心不在焉，有的没有完成推返任务，有的没有亲手扶犁，有的扶犁脱手。嘉庆帝得知后十分恼火，下令惩处了那些玩忽职守的官员。

北京社稷坛

社稷坛位于北京天安门的西北侧，与天安门东北侧的太庙相对，一左一右，体现了“左祖右社”的帝王都城设计原则。它是明清两朝皇帝祭祀土地神和五谷神地方。

社稷坛建于1420年。社稷坛早期是分开设立的，称作太社坛、太稷坛，供奉社神和稷神，社神就是土地神，稷神就是五谷神，后来才逐渐合二为一，共同祭祀。

社稷坛占地面积约24万平方米，主体建筑有社稷坛、拜殿及附属建筑戟门、神库、神厨、宰牲亭等，是老北京著名的“九坛八庙”之一。

社稷坛五色土的传说

我国古代一直存在着“社稷祭祀”的制度，人们把祭祀土地神的地方叫做“社”，把祭祀谷物神的地方叫做“稷”。

社稷坛内的古松

社稷坛内的走廊

有关典籍上曾说：

土地广博，不可一一祭之也，故封土立“社”，“社”为“土神”；谷物众多，不可遍及祀，故封谷立‘稷’，“稷”为“谷神”之长。

由此可见，历朝历代都重视土地和粮食，认为“神”可以引出万物，祭“神”可以佑护五谷丰登。于是，祭祀“土神”、“谷神”的地方合称为“社稷”。祭祀社稷是国家权力的象征，因而后来用“社稷”来指称国家。

北京的社稷坛就是用来祭祀土神和谷物神的地方，它是一座三层的方坛，坛面上铺有五色土。所谓五色土是指青、红、白、黑、黄五种颜色的土。它是最引人注目的，也让人惊奇不已，人们都想找出蕴含在其中的故事。

■ 社稷坛内的正堂

天干地支 在我国古代的历法中，甲、乙、丙、丁、戊、己、庚、辛、壬、癸被称为“十天干”，子、丑、寅、卯、辰、巳、午、未、申、酉、戌、亥叫做“十二地支”。十干和十二支依次相配，组成60个基本单位，两者按固定的顺序互相配合，组成了干支纪法。天干地支在我国古代主要用于纪日，此外用来纪月、纪年、纪时等。

五色土的颜色排列也非常有讲究，古人认为，五个方位与五方尊崇的神物结合，以五行学说中的五方对应五色。

金木水火土是日常生活中的最基本的五种物质，它们代表五方五色：东为青色土，南为红色土，西为白色土，北为黑色土，中间为黄色土，象征金木水火土五行，寓含了全国的疆土，象征着全国的土地，即“普天之下，莫非王土。”五色土厚约6.7厘米，1492年，改为3.3厘米。

还有一种说法，说五色土象征着我们广博的大中华，在社稷坛的东边是青土，代表着东边的大海；西边是白土，代表西部白色的沙；南边是红土，预示南方的红土地；北边是黑土，象征北部的黑土地；而中间的黄土，就是黄土高原的寓意。

关于社稷坛五色土的分布，还有另外一种说法。传说古代的最高统治者黄帝居于天下之中，而在他的四方又各有一个统治者，东方太皞，由木神辅佐，手持圆规，掌管着春天，属于青色；南方炎帝，由火神辅佐，手持秤杆，掌管着夏天，属于赤色；西方少昊，金神辅佐，手拿曲尺，掌管着秋天，属于白色；北方颛顼，水神辅佐，手拿秤锤，掌管着冬天，属于黑色；黄帝居中，由土地辅佐，手拿一根绳子，掌管着四方，属于黄色。

他有四张脸，四方都逃不过他的眼睛。在它们的中央，立有一个方形石柱，名叫“社主石”，又称“江山石”，表示“江山永固”。

颛顼（约前2514—约前2437年），我国历史上的一位传说人物，为五帝之一。他是黄帝之孙，姬姓。颛顼性格深沉而有谋略。15岁时就辅佐少昊，治理九黎地区，封于高阳，就是后来的河南杞县，故又称高阳氏。黄帝去世，因颛顼有圣德，立为帝，时年20岁。

社稷坛内的长廊

纳贡 有多种含义。我国古代诸侯向天子贡献财物土产称纳贡。也指附属国向宗主国进贡。明代科举制度中由地方贡入国子监的生员的一种，明代纳贡的性质与清代例贡略同。

另外，关于东西南北中，民间还认为，东方为青龙，南方为朱雀，西方为白虎，北方为玄武，中间为中央之神。

有关五色土的说法很多，尽管都不太相同，但是从社稷坛五色土的方位配置，以及方位与四季的匹配来看，都与汉唐期间盛行的阴阳五行学说相合，都意在代表我国广袤富饶的土地。

每年春、秋两季祭祀前，都要由顺天府负责更换新土。新土由全国各地纳贡交来，并由此以体现“普天之下，莫非王土”的威严和江山永固的愿望。

阅读链接

据记载，在祭社稷的时候，社神和稷神的配位上有两位深受人们爱戴的“农业专家”。位享太社的神叫句龙，他能辨别土壤的性质，能种植各种农作物。位享太稷的神叫弃，是古代一位精通农事的“农艺师”。

传说其中弃的母亲是邰氏女姜塬。她在一次郊游时，发现地面有很大的足迹，便想用自己的脚，比一比大小。但是刚一踏上，就仿佛精神上受到了一种什么感动，回来就怀了孕，生下了一个男孩，人们看不起这个没有爸爸的孩子，将他遗弃在荒郊。

可是牛羊哺育他，天上的群鸟使他温暖，人们把他抱了回来，取名为弃。弃从小就喜欢农业，他教会了人们种植，鼓励人们创造更加丰裕的生活。

直至后来，在山西闻喜的稷王山，人们发现了一种五色石子，有的像麦粒，有的像绿豆……传说这是弃遗留下来的种子变成的，人们便称作“五谷石”。

社稷坛庄重威严的古建筑

社稷坛所在之地原是辽金时代燕京城的兴国寺，元代改名为长寿兴国寺。到了1420年改造为社稷坛，是明清两朝皇帝祭祀土地神和谷物神的地方。

社稷坛的主体建筑有戟门、拜殿、社稷坛及附属的神库、神厨、

社稷坛内的大理石建筑

戟 我国古代独有的一种兵器。实际上戟是戈和矛的合成体，它既有直刃又有横刃，呈“十”字或“卜”字形，因此戟具有钩、啄、刺、割等多种用途，其杀伤能力远远胜过戈和矛。

宰牲亭等，多是明代永乐年间修建。社稷坛的正门位于东侧，南、西、北不设门。

社稷坛整体布局略呈长方形，有内外两重垣，占地面积约16万多平方米。内坛墙南北长266.8米，东西宽205.6米，红色墙身。每面墙正中辟门，北门为主门，是一座砖石结构的3座门，黄琉璃瓦歇山顶，通面阔20米，进深7米，明间为仿木绿琉璃重昂五踩斗拱，3座门均为拱券式。

东、南、西各辟一拱券门亦为砖石结构的黄琉璃歇山顶，面阔12米，进深7米，仿木绿琉璃单翘单昂五踩斗拱。

■ 社稷坛习礼亭

按照古代天为阳向南，地为阴向北的理论，社为

■ 社稷坛内的奇石

土地，属阴，所以坛内主要建筑均以南为上。

最北为戟门，明代建筑，面阔5间，黄琉璃瓦歇山顶，原为中柱三门之制，后改为5间均为隔扇门。室内为金龙枋心旋子彩画，室外彩画为金龙和玺。

清代戟门是社稷坛的正式宫门，门内两侧的3个门洞里分别陈列24支大铁戟，共72支。大戟门的铁戟，是1丈1尺长的“银镦红杆金龙戟”。将这种金碧辉煌的古代重要兵器，插在朱红木架上，排列于宫门左右，既壮丽，又威严，是封建帝王显示威严的一种陈设。

戟门南为享殿，又称拜殿或祭殿，它是一座飞檐斗拱、金碧辉煌的华丽殿堂，明初修建，面阔5间，进深3间，黄琉璃瓦歇山顶，重昂七踩斗拱。

室外为和玺彩画，室内为金龙枋心旋子点金彩画，殿内为彻上明造，无廊步，歇山角梁与采步金和

斗拱 我国建筑特有的一种结构，斗拱是在柱子的上部、屋檐之下用若干方形的小斗和若干弓形拱层纵横穿插装配的组合构建。斗拱既有结构上的作用，用以承托伸出的屋檐，将屋顶的重量直接或间接转移到木柱上；同时还具有装饰作用。斗拱是中国建筑学会的会徽。

社稷坛宫门

下金檩相交于垂柱，这是明代无廊殿座的结构特征。

殿中所有梁架、斗拱全部外露，并用彩绘装饰，构成一幅美妙的图案。该殿是为雨天祭祀而建的，没有雨时，均在殿外坛上祭祀。明成祖朱棣迁都北京后，始建该殿，距今已有500多年的历史了。

按照典章制度，社稷坛内不应设飨殿，因为它所祭祀的是土地神和五谷神，土地必须承受风雨霜露以接天地之气，才能生长出五谷，所以“社稷之礼坛而不殿”。

明太祖朱元璋在南京的社稷坛，就只设坛不设殿。即使偶遇大雨，衣冠和坛台的祭品被雨水淋透，也不敢随便动弹。

后来很多大臣建议增建一座飨殿，朱元璋怕惹恼了上天，“天地之气”不接，就没有建殿，只是改为若祭日逢雨，就在宫内斋宫遥祭。

彩画 又称彩绘，我国古代建筑上绘制的装饰画。古代彩画主要绘于梁和枋、柱头、窗棂、门扇、雀替、斗拱、天花、瓜筒、角梁、椽子、栏杆等木构件上。古建彩画在我国有悠久的历史，是我国古代建筑装饰中最突出的特点之一。它以独特的风格和特有的装饰艺术效果，成为我国古建筑艺术的精华而载入史册。

明代永乐年间，朱棣在北京营建宫殿坛庙的时候，社稷坛的制度与南京相同，只在坛台北面多建了一座殿宇，平时不用，只在风雨时在殿内面向南方的坛台设供行礼，故此取名拜殿，这个仪礼直至清末。

在该殿之南即为社稷坛。社稷坛台为汉白玉石砌成的正方形三层方台，四出陛，各三级，总高近1米。自下向上逐层收缩。每层用白石栏杆圈围，中间填足三合土。上层边长15米，第二层边长约16.8米，下层边长约17.8米。

社稷坛是严格遵照古制而筑的，坛上层铺五色土，中黄、东青、南红、西白、北黑，象征五行。坛的四周砌墙，东西南北各辟一扇棂星门。

社稷坛四周建有宇墙，墙顶依方位覆青、红、白、黑四色琉璃砖，宇墙每边长62米，高1.7米，四面

栏杆 我国古称阑干，也称勾阑，是桥梁和建筑上的安全设施。栏杆在使用中起分隔、导向的作用，使被分割区域边界明确清晰，设计好的栏杆，很具装饰意义。周代礼器座上就有类似栏杆的构件。汉代以卧棂式栏杆为最多。六朝盛行钩片勾阑。元明清栏杆比较纤细。

■ 社稷坛秋景

重檐 我国古建筑的重要特征，它是基本型屋顶重叠下檐而形成的，其作用是扩大屋顶和屋身的体重，增添屋顶的高度和层次，增强屋顶的雄伟感和庄严感，调节屋顶和屋身的比例。因此，重檐主要用于高级的庑殿、歇山和追求高耸效果的攒尖顶，形成重檐庑殿、重檐歇山和重檐攒尖三大类别。

均设一汉白玉石棂星门，门框亦为石制，原各装朱扉两扇。

西南除社稷坛、享殿、戟门外，在内坛墙内还有神厨、神库，坐西朝东，面阔5间，进深5檩，南北并列，之间加建一过厅，其西边内坛墙处开一拱门，通向宰牲亭。

宰牲亭位于坛墙西门外南侧，为屠宰祭祀用牺牲之处。黄琉璃瓦歇山顶，四角重檐，方形，每边均面阔三间，亭东南有一井亭。

其外有垣墙一重，接于西坛墙，在北墙正中有砖石结构琉璃发券门一座，黄琉璃筒瓦歇山顶，面阔1间，檐下有仿木绿琉璃三踩斗拱。

外坛墙周长约2千米，天安门内西庑正中为社稷街门，东向，黄琉璃筒瓦歇山顶，面阔五间，进深3

社稷坛绘月石

■ 汉白玉牌坊

间。端门内西庑为社左门，黄琉璃瓦歇山顶，面阔3间，进深一间。社稷坛东北门在午门前阙右门之西，原为黄瓦三座门。

拜殿西南方向，人们便可见到一座八角石亭，名叫“兰亭碑亭”，它原在圆明园四十景之一“坐石临流”处，后来才移到这里。

亭为重檐蓝瓦八角攒尖顶，亭内置有兰亭碑。兰亭碑上刻有曲水流觞图，背面有乾隆写的诗文《兰亭诗》，亭匾名为“景自天成”。

亭中8根柱子上分别刻有一些书法家临摹王羲之的《兰亭序》以及柳公权所作的《兰亭诗》，笔锋遒劲有力，在我国书法史上具有很高的价值。

社稷坛内还有许多古柏，它们大多是明代建坛时所栽，古木虬枝，是祭坛环境的重要组成部分。其中

阙 又称阙门、观，是我国古代宫殿、祠庙和陵墓前的一种高建筑物，通常左右都有，为高台，台上建有楼观，两阙中间没有建筑物相连，之间空缺，故称“阙”。有的用石雕砌而成，作为记官爵、功绩和装饰之用。也有大阙旁另建小阙的，称“子母阙”，如东汉王稚子阙等。

社稷坛愉园

有一“槐柏合抱”树，是一对槐树和柏树相抱而生，枝繁叶茂，蔚为壮观，为园中别景。

后来，清帝退位后，社稷坛被闲置疏于管理，许多地方被用来种植苜蓿作为饲料。再后来，直到国家政府接管社稷坛后，对其进行了大面积的整修，整修后对普通民众开放，称“中央公园”，社稷坛成为北京最早成为公园的皇家园林之一。

阅读链接

在兰亭碑亭的东面，有一座雁翅形的建筑，那就是唐花坞，它中间为八角亭式，顶、吻、瓦、脊均为宫殿式结构建筑。两旁为玻璃暖房，朱漆绿额，蓝色亭檐，玲珑美观。

室内一年四季都会展出各种名贵的花木，因此只要人们一踏进花房，立刻就会感觉到芬芳扑面，并沁人肺腑。无论春夏秋冬还是风沙雨雪，人们都可以看到万紫千红争奇斗艳的鲜花和绿叶。

尤其是隆冬季节，室外白雪皑皑，花坞里却繁花似锦，春意盎然，让人感到一种季节变幻的美。

中华精神家园书系

建筑古蕴

壮丽皇宫：三大故宫的建筑壮景
宫殿怀古：古风犹存的历代华宫
古都遗韵：古都的厚重历史遗韵
千古都城：三大古都的千古传奇
王府胜景：北京著名王府的景致
府衙古影：古代府衙的历史遗风
古城底蕴：十大古城的历史风貌
古镇奇葩：物宝天华的古镇奇观
古村佳境：人杰地灵的千年古村
经典民居：精华浓缩的最美民居

古建风雅

皇家御苑：非凡胜景的皇家园林
非凡胜景：北京著名的皇家园林
园林精粹：苏州园林特色与名园
秀美园林：江南园林特色与名园
园林千姿：岭南园林特色与名园
雄丽之园：北方园林特色与名园
亭台情趣：迷人的典型精品古建
楼阁雅韵：神圣典雅的古建象征
三大名楼：文人雅士的汇聚之所
古建古风：中国古典建筑与标志

古建之魂

千年名刹：享誉中外的佛教寺院
天下四绝：佛教的海内四大名刹
皇家寺院：御赐美名的著名古刹
寺院奇观：独特文化底蕴的名刹
京城宝刹：北京内外八刹与三山
道观杰作：道教的十大著名宫观
古塔瑰宝：无上玄机的魅力古塔
宝塔珍品：巧夺天工的非常古塔
千古祭庙：历代帝王庙与名臣庙

文化遗迹

远古人类：中国最早猿人及遗址
原始文化：新石器时代文化遗址
王朝遗韵：历代都城与王城遗址
考古遗珍：中国的十大考古发现
陵墓遗存：古代陵墓与出土文物
石窟奇观：著名石窟与不朽艺术
石刻神工：古代石刻与文化艺术
岩画古韵：古代岩画与艺术特色
家居古风：古代建材与家居艺术
古道依稀：古代商贸通道与交通

古建涵蕴

天下祭坛：北京祭坛的绝妙密码
祭祀庙宇：香火旺盛的各地神庙
绵延祠庙：传奇神人的祭祀圣殿
至圣尊崇：文化浓厚的孔孟祭地
人间天宫：非凡造诣的妈祖庙宇
祠庙典范：最具人文特色的祭祠
绝代王陵：气势恢宏的帝王陵园
王陵雄风：空前绝后的地下城堡
大宅揽胜：宏大气派的大户宅第
古街韵味：古色古香的千年古街

物宝天华

青铜时代：青铜文化与艺术特色
玉石之国：玉器文化与艺术特色
陶器寻古：陶器文化与艺术特色
瓷器故乡：瓷器文化与艺术特色
金银生辉：金银文化与艺术特色
珐琅精工：珐琅器与文化之特色
琉璃古风：琉璃器与文化之特色
天然大漆：漆器文化与艺术特色
天然珍宝：珍珠宝石与艺术特色
天下奇石：赏石文化与艺术特色

古迹奇观

玉宇琼楼：分布全国的古建筑群
城楼古景：雄伟壮丽的古代城楼
历史开关：千年古城墙与古城门
长城纵览：古代浩大的防御工程
长城关隘：万里长城的著名关卡
雄关漫道：北方的著名古代关隘
千古要塞：南方的著名古代关隘
桥的国度：穿越古今的著名桥梁
古桥天姿：千姿百态的古桥艺术
水利古貌：古代水利工程与遗迹

西部沃土

古朴秦川：三秦文化特色与形态
龙兴之地：汉水文化特色与形态
塞外江南：陇右文化特色与形态
人类敦煌：敦煌文化特色与形态
巴山风情：巴渝文化特色与形态
天府之国：蜀文化的特色与形态
黔风贵韵：黔贵文化特色与形态
七彩云南：滇云文化特色与形态
八桂山水：八桂文化特色与形态
草原牧歌：草原文化特色与形态

节庆习俗

普天同庆：春节习俗与文化内涵
张灯结彩：元宵习俗与彩灯文化
寄托哀思：清明祭祀与寒食习俗
粽情端午：端午节与赛龙舟习俗
浪漫佳期：七夕节俗与妇女乞巧
花好月圆：中秋节俗与赏月之风
九九踏秋：重阳节俗与登高赏菊
千秋佳节：传统节日与文化内涵
民族盛典：少数民族节日与内涵
百姓聚欢：庙会活动与赶集习俗

国风美术

丹青史话：绘画历史演变与内涵
国画风采：绘画方法体系与类别
独特画派：著名绘画流派与特色
国画瑰宝：传世名画的绝色魅力
国风长卷：传世名画的大美风采
艺术之根：民间剪纸与民间年画
影视鼻祖：民间皮影戏与木偶戏
国粹书法：书法历史与艺术内涵
翰墨飘香：著名书法名作与艺术
行书天下：著名行书精品与艺术

山水灵性

母亲之河：黄河文明与历史渊源
中华巨龙：长江文明与历史渊源
江河之美：著名江河的文化源流
水韵雅趣：湖泊泉瀑与历史文化
东岳西岳：泰山华山与历史文化
五岳名山：恒山衡山嵩山的文化
三山美名：三山美景与历史文化
佛教名山：佛教名山的文化流芳
道教名山：道教名山的文化流芳
天下奇山：名山奇迹与文化内涵

东部风情

燕赵悲歌：燕赵文化特色与形态
齐鲁儒风：齐鲁文化特色与形态
吴越人家：吴越文化特色与形态
两淮之风：两淮文化特色与形态
八闽魅力：福建文化特色与形态
客家风采：客家文化特色与形态
岭南灵秀：岭南文化特色与形态
潮汕之根：潮州文化特色与形态
滨海风光：琼州文化特色与形态
宝岛台湾：台湾文化特色与形态

民风根源

血缘脉系：家族家谱与家庭文化
万姓之根：姓氏与名字号及称谓
生之由来：生庚生肖与寿诞礼俗
婚事礼俗：嫁娶礼俗与结婚喜庆
人生遵俗：人生处世与礼俗文化
幸福美满：福禄寿喜与五福临门
礼仪之邦：古代礼制与礼仪文化
祭祀庆典：传统祭典与祭祀礼俗
山水相依：依山傍水的居住文化

汉语之魂

汉语源流：汉字汉语与文章体类
文学经典：文学评论与作品选集
古老哲学：哲学流派与经典著作
史册汗青：历史典籍与文化内涵
统御之道：政论专著与文化内涵
兵家韬略：兵法谋略与文化内涵
文苑集成：古代文献与经典专著
经传宝典：古代经传与文化内涵
曲苑音坛：曲艺说唱项目与艺术
曲艺奇葩：曲艺伴奏项目与艺术

自然遗产

天地厚礼：中国的世界自然遗产
地理恩赐：地质蕴含之美与价值
绝美景色：国家综合自然风景区
地质奇观：国家自然地质风景区
无限美景：国家自然山水风景区
自然名胜：国家自然名胜风景区
天然生态：国家综合自然保护区
动物乐园：国家动物自然保护区
植物王国：国家保护的野生植物
森林景观：国家森林公园大博览

中部之魂

三晋大地：三晋文化特色与形态
华夏之中：中原文化特色与形态
陈楚风韵：陈楚文化特色与形态
地方显学：徽州文化特色与形态
形胜之区：江西文化特色与形态
淳朴湖湘：湖湘文化特色与形态
神秘湘西：湘西文化特色与形态
瑰丽楚地：荆楚文化特色与形态
秦淮画卷：秦淮文化特色与形态
冰雪关东：关东文化特色与形态

衣食天下

衣冠楚楚：服装艺术与文化内涵
凤冠霞帔：佩饰艺术与文化内涵
丝绸锦缎：古代纺织精品与布艺
绣美中华：刺绣文化与四大名绣
以食为天：饮食历史与筷子文化
美食中国：八大菜系与文化内涵
中国酒道：酒历史酒文化的特色
酒香千年：酿酒遗址与传统名酒
茶道风雅：茶历史茶文化的特色

博大文学

神话魅力：神话传说与文化内涵
民间相传：民间传说与文化内涵
英雄赞歌：四大英雄史诗与内涵
灿烂散文：散文历史与艺术特色
诗的国度：诗的历史与艺术特色
词苑漫步：词的历史与艺术特色
散曲奇葩：散曲历史与艺术特色
小说源流：小说历史与艺术特色
小说经典：著名古典小说的魅力

歌舞共娱

古乐流芳：古代音乐历史与文化
钧天广乐：古代十大名曲与内涵
八音古乐：古代乐器与演奏艺术
鸾歌凤舞：古代大曲历史与艺术
妙舞长空：舞蹈历史与文化内涵
体育古项：体育运动与古老项目
民俗娱乐：民俗运动与古老项目
刀光剑影：器械武术种类与文化
快乐游艺：古老游艺与文化内涵
开心棋牌：棋牌文化与古老项目

科技回眸

创始发明：四大发明与历史价值
科技首创：万物探索与发明发现
天文回望：天文历史与天文科技
万年历法：古代历法与岁时文化
地理探究：地学历史与地理科技
数学史鉴：数学历史与数学成就
物理源流：物理历史与物理科技
化学历程：化学历史与化学科技
农学春秋：农学历史与农业科技
生物寻古：生物历史与生物科技

文化标记

龙凤图腾：龙凤崇拜与舞龙舞狮
吉祥如意：吉祥物品与文化内涵
花中四君：梅兰竹菊与文化内涵
草木有情：草木美誉与文化象征
雕塑之韵：雕塑历史与艺术内涵
壁画遗韵：古代壁画与古墓丹青
雕刻精工：竹木骨牙角匏与工艺
百年老号：百年企业与文化传统
特色之乡：文化之乡与文化内涵

杰出人物

文韬武略：杰出帝王与励精图治
千古忠良：千古贤臣与爱国爱民
将帅传奇：将帅风云与文韬武略
思想宗师：先贤思想与智慧精华
科学鼻祖：科学精英与求索发现
发明巨匠：发明天工与创造英才
文坛泰斗：文学大家与传世经典
诗神巨星：天才诗人与妙笔华篇
画界巨擘：绘画名家与绝代精品
艺术大家：艺术大师与杰出之作

戏苑杂谈

梨园春秋：中国戏曲历史与文化
古戏经典：四大古典悲剧与喜剧
关东曲苑：东北戏曲种类与艺术
京津大戏：北京与天津戏曲艺术
燕赵戏苑：河北戏曲种类与艺术
三秦戏苑：陕西戏曲种类与艺术
齐鲁戏台：山东戏曲种类与艺术
中原曲苑：河南戏曲种类与艺术
江淮戏话：安徽戏曲种类与艺术

千秋教化

教育之本：历代官学与民风教化
文武科举：科举历史与选拔制度
教化于民：太学文化与私塾文化
官学盛况：国子监与学宫的教育
朗朗书院：书院文化与教育特色
君子之学：琴棋书画与六艺课目
启蒙经典：家教蒙学与文化内涵
文房四宝：纸笔墨砚及文化内涵
刻印时代：古籍历史与文化内涵
金石之光：篆刻艺术与印章碑石

悠久历史

古往今来：历代更替与王朝千秋
天下一统：历代统一与行动韬略
太平盛世：历代盛世与开明之治
变法图强：历代变法与图强革新
古代外交：历代外交与文化交流
选贤任能：历代官制与选拔制度
法治天下：历代法制与公正严明
古代税赋：历代赋税与劳役制度
三农史志：历代农业与土地制度
古代户籍：历代区划与户籍制度

信仰之光

儒学根源：儒学历史与文化内涵
文化主体：天人合一的思想内涵
处世之道：传统儒家的修行法宝
上善若水：道教历史与道教文化

梨园谱系

苏沪大戏：江苏上海戏曲与艺术
钱塘戏话：浙江戏曲种类与艺术
荆楚戏台：湖北戏曲种类与艺术
潇湘梨园：湖南戏曲种类与艺术
滇黔好戏：云南贵州戏曲与艺术
八桂梨园：广西戏曲种类与艺术
闽台戏苑：福建戏曲种类与艺术
粤琼戏话：广东戏曲种类与艺术
赣江好戏：江西戏曲种类与艺术

传统美德

君子之为：修身齐家治国平天下
刚健有为：自强不息与勇毅力行
仁爱孝悌：传统美德的集中体现
谦和好礼：为人处世的美好情操
诚信知报：质朴道德的重要表现
精忠报国：民族精神的巨大力量
克己奉公：强烈使命感和责任感
见利思义：崇高人格的光辉写照
勤俭廉政：民族的共同价值取向
笃实宽厚：宽厚品德的生活体现

历史长河

兵器阵法：历代军事与兵器阵法
战事演义：历代战争与著名战役
货币历程：历代货币与钱币形式
金融形态：历代金融与货币流通
交通巡礼：历代交通与水陆运输
商贸纵观：历代商业与市场经济
印纺工业：历代纺织与印染工艺
古老行业：三百六十行由来发展
养殖史话：古代畜牧与古代渔业
种植细说：古代栽培与古代园艺

强健之源

中国功夫：中华武术历史与文化
南拳北腿：武术种类与文化内涵
少林传奇：少林功夫历史与文化